Open Spain
Contemporary Documentary Photography in Spain

España Abierta
Fotografía Documental Contemporánea en España

España

Contemporary Documentary Photography in Spain

Abierta

Open

Fotografía Documental Contemporánea en España

Spain

Denise Miller-Clark

With Contributions by (Contribuciones de)
Lee Fontanella, Olivia Lahs-Gonzales, John Kimmich Javier, Marie-Loup Sougez
Translated by (Traducido por) Lee Fontanella
Edited by (Revisado por) Terry Ann R. Neff

The Museum of Contemporary Photography, Columbia College Chicago

Lunwerg Editores, S.A. LUNWERG

Sociedad Estatal para la Ejecución de Programas del Quinto Centenario

Sponsors (Contribuyentes Financieros)

Consulate of Spain, Chicago
Embassy of Spain, Washington, DC
Spain '92 Foundation, Washington, DC

Illinois Arts Council, Chicago
Illinois Humanities Council, Chicago
Institute of Museum Services, Washington, DC
National Endowment for the Arts, Washington, DC
U.S.-Spanish Joint Committee for Cultural and Educational Cooperation, Madrid

Café Ba-Ba-Reeba!, Chicago
Focus/Infinity Fund, Chicago
Freixenet, USA, Sonoma, California
Henry Hampton, Inc., Chicago
IBERIA
Iberia Airlines of Spain, Chicago and New York
Instituto de Estudios Norteamericanos, Barcelona
The Merchantz Family Foundation, Chicago
Ross-Ehlert Photo Labs, Chicago

Published in the United States and Spain in 1992 by The Museum Of Contemporary Photography, 600 South Michigan Avenue, Chicago, Illinois 60605-1996, U.S.A., Lunwerg Editores, S.A., Beethoven, 12-08021 Barcelona, Spain, and Sociedad Estatal para la Ejecución de Programas del Quinto Centenario, Aravaca, 22-28040 Madrid, Spain.

Editado en los Estados Unidos y España en 1992 por The Museum Of Contemporary Photography, 600 South Michigan Avenue, Chicago, Illinois 60605-1996, EE.UU., Lunwerg Editores, S.A., Beethoven, 12-08021 Barcelona, España, y Sociedad Estatal para la Ejecución de Programas del Quinto Centenario, Aravaca, 22-28040 Madrid, España.

ISBN 0-932026-27-3
Library of Congress Catalog Card Number 91-75308

Museum Director and Curator (Directora del Museo y Comisario): Denise Miller-Clark.
Publication Manager and Editor (Directora de Publicación y Editora): Terry Ann R. Neff, Chicago.
Designer (Diseño a cargo de): Michael Glass Design, Inc., Chicago.

Typeset in Syntax by (Talleres tipográficos en Syntax por) Paul Baker Typography, Inc., Evanston, Illinois.
Printed and bound in Spain by Lunwerg Editores, S.A.

Impreso y encuadernado en España por Lunwerg Editores, S.A.

Front cover: Manuel Sendón, *Vigo*, from the series *Landscapes* (*Vigo*, de la serie *Paisaxes*), 1990

Lunwerg Editores
ISBN: 84-7782-179-8
Depósito Legal: B-41215-1991

Open Spain/España Abierta: Contemporary Documentary Photography in Spain was prepared on the occasion of the exhibition of the same name organized by The Museum Of Contemporary Photography and on view there from January 17 through March 15, 1992. The exhibition will tour the United States under the direction of the museum, and Europe and Latin America with the cooperation of Lunwerg Editores, S.A., and the Sociedad Estatal para la Ejecución de Programas del Quinto Centenario. For information, contact Ellen Ushioka, Assistant Director, The Museum Of Contemporary Photography, Columbia College Chicago, 600 South Michigan Avenue, Chicago, Illinois 60605–1996, U.S.A.

The Museum Of Contemporary Photography was founded in 1976 by Columbia College Chicago to exhibit, collect, and promote contemporary photography. The museum is unique in the American Midwest for its exclusive commitment to the medium and is the product of the long-held reputation that Columbia College Chicago enjoys as an institution that provides the public with superior programs in the teaching and exhibiting of photography. Programs of the museum include a permanent collection of contemporary photography from the United States and a print study room; a series of lectures and panel discussions; membership benefits; a museum studies program sponsored by the Columbia College Chicago Department of Photography; publications; and traveling exhibitions originated by the museum. The Museum Of Contemporary Photography is accredited by the American Association of Museums.

Open Spain/España Abierta: Fotografía Documental Contemporánea en España surge como consecuencia de la exposición del mismo nombre que fue organizada por The Museum Of Contemporary Photography, y presentada en dicho museo del 17 de enero al 15 de marzo de 1992. La exposición será itinerante en los Estados Unidos bajo la dirección del museo, y en Europa e Iberoamérica en colaboración con Lunwerg Editores, S.A., y Sociedad Estatal para la Ejecución de Programas del Quinto Centenario. Para más información, dirigirse a Ellen Ushioka, Subdirectora, The Museum Of Contemporary Photography, Columbia College Chicago, 600 South Michigan Avenue, Chicago, Illinois 60605–1996, EE.UU.

The Museum Of Contemporary Photography fue fundado en 1976 por la universidad Columbia College Chicago con el propósito de exponer, coleccionar y promover la fotografía contemporánea. El museo se destaca en el medio-oeste norteamericano por su dedicación a la fotografía, siendo fruto de la fuerte y arraigada reputación que disfruta Columbia College Chicago como institución que ofrece programas de máximo nivel, tanto en la práctica académica como en la exposición de la fotografía. El museo ofrece una colección permanente de fotografía contemporánea norteamericana; una sala de estudio; un ciclo de conferencias y debates relacionados al tema; ventajas a los socios; un curso de estudios de conservación museológica auspiciado por el Departamento de Fotografía de Columbia College Chicago; diversas publicaciones y exposiciones organizadas por el museo con el fin de llegar a otras instituciones de forma itinerante. The Museum Of Contemporary Photography está acreditado por la American Association of Museums.

TABLE OF CONTENTS (ÍNDICE)

ACKNOWLEDGMENTS

As providence would have it, in 1989 as my staff and I considered the possibilities of producing an exhibition on Spanish photography, John Kimmich Javier, a former colleague at Columbia College Chicago, now Assistant Professor in the School of Journalism and Mass Communication at the University of Iowa in Iowa City, stopped by my office and suggested a focus on *documentary* photography in Spain. An Hispanic-rooted American, John Kimmich had traveled to the country during the past eight years to produce his own work and commercial assignments, and to meet with many photographers working in the documentary tradition. His initial slides of their work and those we had on hand, together with examples we solicited from a number of Spanish photographers over the ensuing months, secured my interest. Shortly thereafter, Mr. Kimmich was contracted as my guest assistant curator, and together we embarked on a project that blossomed into more than either of us envisioned at the start.

One of the great pleasures in preparing the exhibition involved meetings with the photographers whose works were central to its theme. Many of them traveled hundreds of kilometers to one of eight designated locations pivoted in a circular geographic pattern. I thank all involved for the courtesies extended in Madrid, Pamplona, Barcelona, Valencia, Seville, Santiago de Compostela, La Coruña, and Vigo. The sixteen photographers whose works were selected for the exhibition and book—Carmelo Alcalá Ezquerro, Carlos de Andrés, Clemente Bernad, Jaume Blassi, Carlos Cánovas, Juan Manuel Castro Prieto, Koldo Chamorro, Juan Manuel Díaz Burgos, Cristina García Rodero, Cristóbal Hara, Manolo Laguillo, Xurxo Lobato, Marta Povo, Humberto Rivas, Manuel Sendón, and Alejandro Sosa Suárez—were wonderfully accommodating with the demands for duplicate sets of photographs for the two traveling exhibitions and background information on them and their work. Their autobiographical data, the details they offered on other photographers under consideration and the final participants, and their criticisms helped to shape my understanding of the work and of documentary photography in general in Spain.

Likewise, my knowledge developed further through the counsel and writings of Lee Fontanella, Professor of Literature in the Department of Spanish and Portuguese at the University of Texas at Austin and a preeminent scholar in the field of Spanish photography, and Marie-Loup Sougez, contributing editor for *Historia 16* and an esteemed historian in Spain in the area of photography. The essays they present here demonstrate the project's wide-ranging roots—in the disciplines of photography, art, history, sociology, philosophy, ethnology, language, economics, and political science. To both, my warmest regard and appreciation. In addition, I would like to thank Dr. Fontanella for his precise and fluid translation of the text for the book.

During its three years of preparation, the "Open Spain" project has received considerable support from a variety of sources and individuals. I particularly wish to thank Victoria Ayuso of the Spanish Tourism Office,

AGRADECIMIENTOS

Lo tenía previsto la Providencia. En 1989, mientras mi equipo y yo contemplábamos las posibilidades de montar una exposición de fotografía española, John Kimmich Javier, ex-colega mío en Columbia College Chicago y actual Profesor Auxiliar en la Escuela de Periodismo y Comunicaciones en la Universidad de Iowa (Iowa City), pasó por mi despacho a sugerir que consideráramos un proyecto de fotografía española documental. John Kimmich, un norteamericano con raíces hispánicas, había viajado a España a lo largo de los últimos ocho años para sus propias producciones y encargos comerciales, y para reunirse con muchos de los fotógrafos que trabajaban en la tradición documentalista. A través de las primeras diapositivas de las realizaciones de aquéllos, las cuales poseía Kimmich, y de las de que ya disponíamos, junto con ejemplares que fuimos solicitando a varios fotógrafos españoles a lo largo de los siguientes meses, todo ello conquistó mi interés. Muy poco después, el señor Kimmich fue contratado para que ejerciese la labor de comisario auxiliar mío por invitación, y juntos emprendimos un proyecto cuyo florecimiento resultó ser mucho más de lo que en un principio hubiéramos podido imaginar.

Uno de los grandes placeres en cuanto a la preparación de esta exposición han sido de las reuniones con los fotógrafos en cuyas obras se cifraba el proyecto. Muchos de ellos se tomaron la molestia de desplazarse cientos de kilómetros para encontrarse con nosotros en alguno de los ocho puntos que habíamos fijado a lo largo de una ruta trazada para recorrer el país. Estoy agradecida a los que nos han brindado tanta amabilidad en Madrid, Pamplona, Barcelona, Valencia, Sevilla, Santiago de Compostela, La Coruña y Vigo. Los dieciséis fotógrafos cuyas obras fueron seleccionadas para la exposición y el libro nos han facilitado su ayuda en más de una ocasión: Carmelo Alcalá Ezquerro, Carlos de Andrés, Clemente Bernad, Jaume Blassi, Carlos Cánovas, Juan Manuel Castro Prieto, Koldo Chamorro, Juan Manuel Díaz Burgos, Cristina García Rodero, Cristóbal Hara, Manolo Laguillo, Xurxo Lobato, Marta Povo, Humberto Rivas, Manuel Sendón y Alejandro Sosa Suárez. Nos facilitaron juegos de fotografías por duplicado para las dos exposiciones itinerantes, y los datos sobre los cuales se han confeccionado sus respectivos fondos biográficos, así como una relación de su obra. Sus datos autobiográficos, los detalles que ellos mismos nos suministraron acerca de otros fotógrafos que estaban también bajo nuestra consideración y acerca de sí mismos, sus comentarios críticos..., todo ello me ayudó a comprender a fondo la obra en conjunto, y la fotografía documental en general para el caso concreto de España.

De manera semejante he podido avanzar en mis conocimientos en esta materia, gracias a los consejos y las obras escritas por Lee Fontanella, Profesor de Literatura de la Sección de Español y Portugués de la Universidad de Texas en Austin, además de reconocido investigador en el campo de la fotografía en España; y mediante los consejos y obras de Marie-Loup Sougez, redactora de *Historia-16* y reconocida historiadora en España sobre todo en el área de la fotografía. Los ensayos que se ofrecen a continuación demuestran hasta

New York; Joaquín de Arístegui, Consul General of Spain, Chicago; David Burland, Curator at the Office of the Governor of the State of Illinois, Chicago; Jeffrey Fraenkel of Fraenkel Gallery, San Francisco; Josep Miquel García of the Centre d'Art Santa Mònica, Barcelona; Carmen Giménez of The Solomon R. Guggenheim Museum, New York; Daniel Giralt-Miracle of the Museu d'Art Contemporani, Barcelona; María Victoria Gorbeña at Eastman Kodak, Madrid; Chantal Grande of Forum Fotografía, Tarragona; Betty Hahn of the Department of Photography at the University of New Mexico, Albuquerque; Antonio Javaloyes of *EL SOL*, Madrid; Louise Kerr, Associate Vice Chancellor of Academic Affairs at the University of Illinois in Chicago; Greg Knight and Janet Carl Smith of the Chicago Office of Fine Arts, Department of Cultural Affairs; Manuel López at *Foto Professional*, Grupo FOTO, S.A., Madrid; Rafael Mazarrasa, Miguel Ferrer, José Tono Martínez and Aimée Metzner of Fundación Spain '92, Washington, D.C.; Dr. Thomas Middleton at the U.S.-Spanish Joint Committee for Cultural and Educational Cooperation, Madrid; José Vicente Monzó of the Instituto Valenciano de Arte Moderno, Valencia; Terence Pitts of the Center for Creative Photography in Tucson, Arizona; José Ramón Remacha, Minister of Cultural Affairs at the Spanish Embassy, Washington, D.C.; Pauline Saliga of the Department of Architecture and David Travis of the Department of Photography at The Art Institute of Chicago; José Luís Pérez Sánchez at the Commercial Office of Spain, Chicago; Rod Slemmons of the Department of Photography at the Seattle Art Museum; Santiago Saavedra of Ediciones El Viso, S.A., Madrid; Kenneth Starck of the School of Journalism and Mass Communications and Roslyn M. Frank of the Department of Spanish and Portuguese at the University of Iowa, Iowa City; Suzanne Stratton of The Spanish Institute, Inc., at The Center for American-Spanish Affairs, New York; Carlos Tortolero and René Arceo-Frutos of the Mexican Fine Arts Center Museum, Chicago; Mario Trinidad of the Tourism Office of Spain, Chicago; José Carlos Cataño, Joan Fontcuberta, and Marta Gili in Barcelona; Carmelo Vega de la Rosa in the Canary Islands; Myriam de Liniers, Publio López Mondéjar, Manuel Santos, and Juan Ramón Yuste in Madrid; Román de la Calle and Enric Mira in Valencia; and Xosé Luis Suárez-Canal in Vigo.

In addition to the time and energy invested in correspondence and conversations, several other colleagues provided invaluable assistance by offering their facilities as sites for portfolio reviews and meetings with photographers, writers, historians, and other consultants to the project. In many cases, they turned over their offices, homes, and their lives for the days we remained in their cities. For their magnanimity, I particularly wish to thank Pep Benlloch of Visor Centre Fotografíc, Valencia; Alejandro Castellote, Luis de Toledo, and Enrique Baquedano of Círculo de Bellas Artes, Madrid; Ignacio González of *PhotoVisión*, Utrera; Quim Llenas, José Manuel Navia, and Paola Ojeda at *COVER* Press, Madrid; José Ramón López of Museo de Arte Contemporáneo de Sevilla; Juan Carlos Luna Briñardeli, Carmen García, and Carmina de Luna i Brignardelli, of Lunwerg Editores, S.A., Madrid and Barcelona; Rosa María Malet of Fundació Joan Miró, Barcelona; Angel Turrillas and Jaime Martín of Nueva Imagen Fotogalería, Pamplona; Rosalind Williams in Madrid; and John Zvereff of the Instituto de Estudios Norteamericanos, Barcelona.

Further, John Kimmich Javier wishes me to extend his personal thanks to Pep Benlloch, Joyce Borgerding and Tom Rauch, Alejandro Castellote, Koldo Chamorro, Ignacio González, Joan and Ción Guitart, Manolo Laguillo, Xurxo Lobato, Jóse Ramón López, Manuel López, Carmina de Luna, Salvador Obiols, Manuel Sendón, Xosé Luís Suárez-Canal, Juan Ramón Yuste, and members of *COVER* Press for their hospitality. I wish to add as well my sincere appreciation to María Garoffolo in Seville, Marta Povo, Joni Brugues, and Manolo and Nieves Laguillo in Barcelona for their graciousness during my trips to their country.

The tremendous task of consolidating on schedule sixteen domestic shipments in Spain of the selected photographs into two overseas shipments to the museum was expeditiously handled by Alejandro Castellote, Curator of Photography at the Círculo de Bellas Artes in Madrid, and Manolo Laguillo. Their efforts on behalf of the museum staff were admirable, saving time and money—two commodities invaluable in the preparation of exhibitions and publications.

donde alcanzan las raíces de este proyecto en el campo de la fotografía, el arte, la historia, la sociología, la filosofía, la tecnología, el lenguaje, la economía y las ciencias políticas. Para los dos, mi más sentido aprecio. Quisiera agradecer además al Dr. Fontanella su traducción precisa y fluida de los textos de este libro.

A lo largo de los tres años de preparación del presente proyecto, "Open Spain/España Abierta", ha recibido un apoyo considerable de una variedad de fuentes e individuos. Quisiera dar las gracias muy particularmente a Victoria Ayuso de la Spanish Tourism Office de Nueva York; a Joaquín de Arístegui, Consul General de España en Chicago; a David Burland, Conservador en las Oficinas del Gobernador del Estado de Illinois, en Chicago; a Jeffrey Fraenkel de la Fraenkel Gallery, San Francisco; a Josep Miquel García, del Centre d'Art Santa Mónica, Barcelona; a Carmen Giménez del Solomon R. Guggenheim Museum de Nueva York; a Daniel Giralt-Miracle del Museu d'Art Contemporani, Barcelona; a María Victoria Gorbeña de Eastman Kodak de Madrid; a Chantal Grande de Forum Fotografía, Tarragona; a Betty Hahn, de la Sección de Fotografía de la Universidad de Nuevo México en Albuquerque; a Antonio Javaloyes de *EL SOL*, Madrid; a Louise Kerr, Vice-Canciller Asociada para Asuntos Académicos en la Universidad de Illinois de Chicago; a Greg Knight y Janet Carl Smith de la Chicago Office of Fine Arts, Sección para Asuntos Culturales; a Manuel López, con *Foto Profesional*, Grupo FOTO, S.A., Madrid; a Rafael Mazarrasa, Miguel Ferrer, José Tono Martínez y Aimée Metzner de Fundación Spain '92, en Washington D.C.; al Dr. Thomas Middleton, del Comité Conjunto Hispano Norteamericano para la Cooperación Cultural y Educativa, Madrid; a José Vicente Monzó, del Instituto Valenciano de Arte Moderno, Valencia; a Terence Pitts del Center for Creative Photography, Tucson, Arizona; a José Ramón Remacha, Ministro de Asuntos Culturales en la Embajada de España, Washington D.C.; a Pauline Saliga, de la Sección de Arquitectura, y David Travis de la Sección de Fotografía en el Art Institute of Chicago; a José Luis Pérez Sánchez, en la Commercial Office of Spain de Chicago; a Rod Slemmons, de la Sección de Fotografía del Seattle Art Museum; a Santiago Saavedra, de Ediciones El Viso, S.A., Madrid; a Kenneth Starck, de la Escuela de Periodismo y Comunicaciones y a Roslyn M. Frank, de la Sección de Español y Portugués de la Universidad de Iowa, Iowa City; a Suzanne Stratton, del Spanish Institute, Inc., en el Center for American-Spanish Affairs, Nueva York; a Carlos Tortolero y René Arceo-Frutos, del Mexican Center Museum, Chicago; a Mario Trinidad, de la Tourism Office of Spain, Chicago; a José Carlos Cataño, Joan Fontcuberta y a Marta Gili, en Barcelona; a Carmelo Vega de la Rosa, en las Islas Canarias; a Myriam de Liniers, Publio López Mondéjar, Manuel Santos y Juan Ramón Yuste, en Madrid; Román de la Calle y Enric Mira, en Valencia; y a Xosé Luis Suárez-Canal, en Vigo.

Además del tiempo y el esfuerzo invertidos en conversaciones y correspondencia, nos ha sido suministrada una valiosa ayuda por otros colegas que nos han prestado sus locales para revisar carpetas y para reuniones con los fotógrafos, escritores, historiadores y todos aquéllos con quienes hemos considerado oportuno consultar para los fines de este proyecto. En no pocas ocasiones se mostraron tan magnánimos que llegaron a sacrificar sus despachos, sus casas y horas de su tiempo durante los días que estuvimos en sus ciudades. A este respecto deseo mostrar mi agradecimiento en particular a Pep Benlloch, de Visor Centre Fotografic, Valencia; a Alejandro Castellote, Luis de Toledo y Enrique Baquedano, del Círculo de Bellas Artes de Madrid; a Ignacio González, de *PhotoVisión*, Utrera; a Quim Llenas, José Manuel Navia y Paola Ojeda, de *COVER* Press, Madrid; a José Ramón López, del Museo de Arte Contemporáneo de Sevilla; a Juan Carlos Luna Briñardeli, a Carmen García Alvarez y Carmina de Luna y Brignardelli, de Lunwerg Editores, S.A., Madrid y Barcelona; a Rosa María Malet, de la Fundació Joan Miró de Barcelona; a Angel Turrillas y Jaime Martín, de Nueva Imagen Fotogalería, Pamplona; a Rosalind Williams, Madrid; a John Zvereff, del Instituto de Estudios Norteamericanos, Barcelona.

Además John Kimmich Javier quisiera que yo expresara de su parte su agradecimiento personal por su hospitalidad a Pep Benlloch, Joyce Borgerding y Tom Rauch, a Alejandro Castellote, Koldo Chamorro, Ignacio González, Joan y Ción Guitart, Manolo Laguillo, Xurxo Lobato, José Ramón López, Manuel López, Carmina

The translation of correspondence often came to rest on the desks of several individuals, including Hernán Guaracao, John Kimmich Javier, and Maria Nilsson in Iowa City; Lee Fontanella in Austin, Texas; and Eduardo Aparicio and Olga Ulloa in Chicago. I reiterate my many thanks to them over the past two years for their assistance in responding so quickly and courteously, often under tight turnaround schedules.

Terry Ann R. Neff is to be commended for her intelligence and equanimity as publication manager, editor, and devil's advocate. She brings order, clarity, and precision to the dual-language volume. I applaud Michael Glass for his elegant catalogue design and his patience in dealing with the complexities of producing a book housing text in two languages. Juan Carlos Luna Briñardeli, Carmen García, Carmina de Luna, Andrés Gamboa, and the staff at Lunwerg Editores, S.A., deserve special thanks for their excellent work under a rigorous timetable.

There is virtually no part of The Museum Of Contemporary Photography and many departments of Columbia College Chicago that did not feel at one time or another the pressures of "Open Spain/España Abierta." The realization of the project would have been unthinkable without the smooth, committed cooperation of a great many people. I wish in particular to thank Olivia Lahs-Gonzales, Museum Graduate Intern, for her tireless contributions in assisting me with grant applications and research. Her attention to detail in preparing the photographers' biographical data and title descriptions for each work in two languages, and in carrying out the myriad responsibilities of preparing the manuscript for numerous reviews and final production was exemplary. I would like also to commend Assistant Director Ellen Ushioka, Preparator and Curatorial Assistant Martha Alexander-Grohmann, and all museum interns who were instrumental in formulating funding proposals, conducting fact-finding research, and preparing duplicate exhibitions for the presentation in Chicago and subsequent tours in the United States, Europe, and Latin America. I am grateful for their unstinting devotion to standards of excellence.

The exhibition and publication programs of The Museum Of Contemporary Photography have been enthusiastically supported by John Mulvany, Chairman of the Museum Governing Board, President Mike Alexandroff and Executive Vice President Albert C. Gall of Columbia College Chicago, and the college's Board of Trustees. I value their high regard for our programming and thank them for their professional and financial contributions, as well as those of other support administrators, including R. Michael DeSalle, Vice President of Finance, Nicholas Van Hevelingen, Vice President of College Relations and Development, Carol Bryant, Director of College Relations, and Mary Ahlers and Norman Alexandroff of the Office of Public Relations.

The publication of this book and the preparation of duplicate traveling exhibitions were aided by donations and grants to The Museum Of Contemporary Photography from numerous organizations in the United States and Spain. The support of Juan Carlos Luna Briñardeli, Director General, Lunwerg Editores, S.A., in Madrid and Barcelona, and Javier Estrella, Director, Division of Culture, Sociedad Estatal para la Ejecución de Programas del Quinto Centenario in Madrid, as collaborators on the book and overseers of the European and Latin American tours of the exhibition, expanded the publication and travel program of the exhibition into grand proportions and certified the project as a truly bi-cultural one. I thank them for their boldness in this joint venture.

I am grateful to our sponsors for their enthusiastic openness to the concept of simultaneous traveling exhibitions and the publication, and for their help in securing the funding necessary to realize them in the best fashion. In particular, I am appreciative of the funding, contributed products, and services from Brian Garner and David González at Iberia Airlines of Spain in Chicago and New York; Pedro Ferrer Bosch of Freixenet, S.A., in Sonoma, California; Joaquín de Arístegui, Consul General of Spain in Chicago, and his predecessor, Fernando J. Belloso; Jack A. Jaffe of the Focus/Infinity Fund, Jenny Smith, Gabino Sotelino, and Brian Weber of Cafe Ba-Ba-Reeba!, David Ross at Ross-Ehlert Photo Labs, and David Waldvogel at Henry Hampton, Inc., in Chicago. I would like to thank the staffs and panel reviewers for the National Endowment for the

de Luna, Salvador Obiols, Manuel Sendón, Xosé Luis Suárez-Canal, Juan Ramón Yuste y los socios de *COVER* Press. Y yo me uno a su agradecimiento, por la hospitalidad que a mí me brindaron durante mis viajes a España, a María Garoffolo en Sevilla, y a Marta Povo, Joni Brugués y Manolo y Nieves Laguillo en Barcelona.

La impensable tarea de consolidar, a tiempo, y en España, los dieciséis envíos de las fotografías seleccionadas, para que luego se convirtieran solamente en dos, dirigidos al museo de Chicago, fue el encargo del que tan eficazmente se ocupó Alejandro Castellote, Coordinador de Fotografía en el Círculo de Bellas Artes de Madrid, junto con Manolo Laguillo; los esfuerzos que realizaron por nuestro equipo en el museo fueron realmente admirables, puesto que nos han ahorrado tiempo y dinero, factores ambos de enorme interés en la preparación de exposiciones y publicaciones.

La traducción de la correspondencia fue a parar, la mayoría de las veces, a las mesas de trabajo pertenecientes a varias personas: Hernán Guaracao, John Kimmich Javier y María Nilsson, en Iowa City; Lee Fontanella, en Austin, Texas, y de Eduardo Aparicio y Olga Ulloa, en Chicago. Mis reiteradas gracias a todos ellos, por su ayuda durante los últimos dos años, y por haber correspondido tan cortés y rápidamente, en muchas ocasiones ante las urgencias que implican los horarios apretados.

Alabo a Terry Ann R. Neff por su inteligencia y comportamiento ecuánime, en su capacidad de directora de publicaciones, redactora y abogada del diablo, por consiguiente. El orden, la claridad y la precisión que caracterizan este tomo bilingüe son debidos a ella. Y un aplauso para Michael Glass por el elegante diseño que ha logrado para el presente catálogo, y por su paciencia al enfrentarse con las complejidades de la producción de un libro con texto bilingüe. Juan Carlos Luna Briñardeli, Carmen García, Carmina de Luna, Andrés Gamboa y el equipo de Lunwerg Editores, S.A., merecen nuestro sincero agradecimiento por los trabajos que han tenido que realizar bajo unas condiciones de un horario tan riguroso.

En efecto, no existe sector de The Museum Of Contemporary Photography, si exceptuamos alguna de las secciones de Columbia College Chicago, que no haya sufrido en un momento u otro las presiones que llevaba implícitas "Open Spain/España Abierta". La realización del proyecto no hubiera sido posible sin la cooperación dedicada y generosa de muchas personas. Quisiera expresar especialmente mi gran aprecio a Olivia Lahs-Gonzales, Ayudante Posgraduada en el museo, pues ha contribuido incansablemente en las solicitudes e investigaciones que he tenido que llevar a cabo. Ha sido ejemplar su atención a tantos detalles en la preparación de las biografías, en los pies de foto descriptivos bilingües pertenecientes a sus obras y, en fin, en ultimar las múltiples posibilidades para la preparación del manuscrito para las reseñas y la confección final. Merecen, también, alabanzas Ellen Ushioka, Subdirectora, Martha Alexander-Grohmann, Ayudante de la Conservación y Preparadora, y todos los demás ayudantes del museo que han colaborado con la formulación de propuestas de subvención, en llevar a cabo la investigación de datos, y en la preparación de exposiciones en duplicado para su presentación en Chicago y el siguiente recorrido itinerante por los Estados Unidos, Europa y Latinoamérica. Su dedicación, con los más altos niveles de calidad, parece no haber tenido límites.

Los programas para la publicación y la exposición en The Museum Of Contemporary Photography han sido apoyados con entusiasmo por John Mulvany, que preside en el grupo de directores del museo; por Mike Alexandroff y Albert C. Gall, respectivamente Presidente y Vice-Presidente para Asuntos Ejecutivos en el Columbia College Chicago, y por el grupo depositario del college. Expreso mi aprecio por el respeto que han demostrado a nuestra programación, y les agradezco sus contribuciones tanto profesionales como financieras, además de las de otros administradores de financiación, a saber, R. Michael DeSalle, Vice-Presidente de Finanzas, Nicholas van Hevelingen, Vice-Presidente para Relaciones Exteriores del College y su Desarrollo, Carol Bryant, Directora de Relaciones en el College, y Mary Ahlers y Norman Alexandroff, de la Oficina de Relaciones Públicas.

La publicación del presente libro y la preparación de las exposiciones itinerantes por duplicado han sido apoyadas mediante donativos y becas concedidos a The Museum Of Contemporary Photography, por varias

Arts, the Institute of Museum Services, the Illinois Arts Council, the Illinois Humanities Council, and the Spanish Embassy in the United States, and the U.S.-Spanish Joint Committee for Cultural and Educational Cooperation, and the Instituto de Estudios Norteamericanos in Spain for the award of grants.

To my guest assistant curator, John Kimmich Javier, I express yet again my gratitude for sharing ideas and initiatives in the conception of the project and throughout the preparation of the exhibition and catalogue. His careful and accurate paragraphs on the photographers' series are elucidating descriptions of the documentary works. I am grateful to Kenneth Starck, Director of the School of Journalism and Mass Communications, and the administration of the University of Iowa in Iowa City for granting Mr. Kimmich the time to work with me on this venture.

To my family and friends — of numerous cultural origins — who have heard about "Open Spain/España Abierta" for the past three years, endured my high and low emotions on the project, borne with me through considerable sacrifices made to move it toward completion, and given wise and invaluable counsel, I extend my most sincere thanks.

Denise Miller-Clark
Director
The Museum Of Contemporary Photography

organizaciones en los Estados Unidos y España. El apoyo concedido por Juan Carlos Luna Briñardeli, Director de Lunwerg Editores, S.A., en Madrid y Barcelona, y por Javier Estrella, Director de la División Cultural de la Sociedad Estatal para la Ejecución de Programas del Quinto Centenario, en Madrid, como colaboradores en la publicación del libro y superintendentes de la exposición en su gira de itinerancia por Europa y Latinoamérica, ha ensanchado efectivamente el programa de publicación e itinerancia de la exposición hasta permitirle alcanzar grandes proporciones y su certificación como proyecto verdaderamente bicultural. Les agradezco su valentía en esta empresa conjunta.

Estoy agradecida por la receptividad entusiasta que han demostrado los patrocinadores ante el concepto de la publicación y las dos exposiciones itinerantes simultáneas, y por la ayuda que nos han brindado a fin de obtener los fondos necesarios para la más adecuada realización de aquéllas. Agradezco en particular los fondos, los productos, y los servicios que nos han brindado Brian Garner y David González de Iberia, Líneas Aéreas de España, en Chicago y New York; Pedro Ferrer Bosch de Freixenet, S.A., en Sonoma, California; Joaquín de Arístegui, Cónsul General de España en Chicago y su predecesor, Fernando J. Belloso; Jack A. Jaffe de Focus/Infinity Fund, Jenny Smith, Gabino Sotelino, y Brian Weber de Café Ba-Ba-Reeba!, David Ross de Ross-Ehlert Photo Labs, y David Waldvogel de Henry Hampton, Inc., en Chicago. Expreso mi sentido aprecio por la concesión de becas al equipo y los asesores del National Endowment for the Arts, el Institute of Museum Services, el Illinois Arts Council, el Illinois Humanities Council, la Embajada de España en los Estados Unidos, el Comité Conjunto Hispano Norteamericano para la Cooperación Cultural y Educativa y el Instituto de Estudios Norteamericanos en España.

De nuevo, para mi comisario auxiliar por invitación, John Kimmich Javier, una expresión de gratitud, por haber compartido conmigo sus ideas y por la iniciativa que él tomó no sólo en la misma concepción del proyecto, sino a lo largo de la preparación y exposición del catálogo. Los párrafos que ha escrito acerca de las series realizadas por los fotógrafos son cuidadosos y precisos, descripciones iluminadoras, en fin, de las obras documentales. Quisiera agradecerle a Kenneth Starck, Director de la Escuela de Periodismo y Comunicaciones, y a los administradores de la Universidad de Iowa, Iowa City, por haberle concedido al señor Kimmich el tiempo del que ha dispuesto para trabajar conmigo en esta empresa.

No menos agradecida estoy a mi familia y a mis amigos—representantes de numerosas culturas—que han oído hablar de "Open Spain/España Abierta" a lo largo de los últimos tres años, que me han sostenido con sus considerables sacrificios para que yo pudiera avanzar en el proyecto, y que me han aconsejado de modo inteligente y valioso. Para todos ellos, mi más sentido aprecio.

Denise Miller-Clark
Directora
The Museum Of Contemporary Photography

A MODERN VISION

By Denise Miller-Clark

...it wasn't just the darkness of one night between sunset and sunrise that was coming to an end, it was the night of a hundred thousand years, during which millions of people had lived in ignorance of the fact that there were millions of other people living on the other side of the globe, and that an enormous continent lay between two equally unknown oceans. Unconsciously, the two peoples had been awaiting each other.
— Gianni Granzotto, *Christopher Columbus, The Dream and the Obsession*, 1985

"Open Spain/España Abierta," the title of this present exhibition and its accompanying book, signifies an industrialized nation of ardent character in the evolving process of massive change and celebration. The new Spain is the product of economic and social transformation from years of privation to burgeoning development, and political change from dictatorship to democracy. The year 1992, the quincentennial anniversary of Christopher Columbus's voyage and the European discovery of the Americas in 1492, will see this new modern Spain as the host to significant international events. Preparations are underway for Expo '92—the World's Fair in Seville, entitled "The Age of Discoveries 1492–1992"—and the Summer Olympics in Barcelona. The country is still celebrating its official 1986 entry into the European Economic Community, while political leaders today push toward a contemporary manifesto of a single united market for products, services, finances, and labor in the twelve nations by the end of 1992. In recognition of this milestone year, the city of Madrid has been designated the continent's cultural capital.

Through images memorable for their aesthetic appeal as well as their recorded historical subject matter, "Open Spain" references the release of a nation's people into a far less censored cultural climate. The years during and immediately following the Spanish Civil War (1936–39) were especially grim. Censorship was severe and arbitrary and there was a sharp break in literary continuity. Many Spanish artists, such as Joan Miró (1893–1983), Salvador Dalí (1904–1989), and Pablo Picasso (1881–1973)—whose famous monument to the catastrophe of the Civil War, the 1937 painting *Guernica*, is now housed in an annex to the Museo del Prado in Madrid—lived abroad. After the forty years of fascist darkness that preceded dictator Francisco Franco's death on November 20, 1975, however, Spain rejoined twentieth-century Europe. Without losing its heritage, the country has blossomed into an economically viable democracy, a land of opportunity for an enterprising people.

"Open Spain" epitomizes the nation's photographers who pragmatically record both vanishing and emerging events, festivals, and traditions, the nature of the people, the physical transformation of city and countryside, and general disparity and congruity. Documentation at this time affords a chance to capture the contradictions of a country in transition; the objective is to project a modern vision without sacrificing the intrinsic character that best embodies the Spanish enigma.

UNA VISION MODERNA

Por Denise Miller-Clark

...no era sólo la oscuridad de una noche entre la puesta del sol y el amanecer lo que acababa, sino la noche de cien milenios, durante los cuales millones de personas habían vivido ignorando que existieran al otro lado del globo millones de otros seres, y que entre los océanos igualmente desconocidos existiera un continente inmenso. Subconscientemente, esos dos pueblos habían estado esperando conocerse.

—Gianni Granzotto, *Christopher Columbus, The Dream and the Obsession*, 1985

"Open Spain/España Abierta," el título de la presente exposición y del libro que el lector tiene ante sí, representa una nación industrializada de carácter apasionado, en su proceso de cambio masivo y la celebración de ese mismo hecho. La España nueva es el producto de una transformación social y económica, desde los años en que sufría notables carencias hasta la llegada del desarrollo explosivo; producto además del cambio político que va desde la dictadura a la democracia. El año de 1992, quinto centenario del viaje de Cristóbal Colón y del descubrimiento por parte de Europa de las Américas en 1492, será testigo de una España moderna en su papel de patrocinadora de acontecimientos internacionales significativos. Se han emprendido los preparativos para la Expo '92 —la feria mundial de Sevilla que llevará el nombre de "La Edad de los Descubrimientos 1492–1992"— y para los Juegos Olímpicos de verano, en Barcelona. El país sigue celebrando su entrada oficial (1986) en la Comunidad Económica Europea, mientras que los líderes del gobierno se empeñan en la dirección de un manifiesto que represente el deseo actual de un mercado común único para productos, servicios, trabajo y asuntos financieros entre las doce naciones para finales de 1992. En reconocimiento de este año tan singular, la ciudad de Madrid ha sido designada capital cultural de Europa.

"Open Spain/España Abierta," mediante imágenes que son memorables tanto por su atractivo estético como por su contenido histórico, señala la puesta en libertad de las gentes de una nación y su entrada dentro de un ambiente cultural mucho menos censurado. Los años durante la Guerra Civil Española (1936–39) y los de la postguerra inmediata eran tiempos notablemente severos. La censura era implacable y arbitraria, y se produjo una ruptura abrupta en la continuidad literaria. Muchos artistas españoles vivían en el extranjero: Joan Miró (1893–1983), Salvador Dalí (1904–1989) y Pablo Picasso (1881–1973), cuyo cuadro "Guernica" (1937), famoso monumento a la catástrofe de la Guerra Civil, se encuentra en la actualidad en el Casón del Buen Retiro al lado del Museo del Prado. Después de los cuarenta años de oscuridad fascista, sin embargo, con el fallecimiento de Francisco Franco (20 de noviembre de 1975), España volvió a unirse a la Europa del siglo XX. Sin sufrir la pérdida de su patrimonio, el país ha florecido hasta ser una democracia económica viable, y un lugar de oportunidades para un pueblo emprendedor.

"Open Spain/España Abierta" representa el punto culminante de los fotógrafos de esta nación, quienes captan de modo pragmático los acontecimientos tanto efímeros como sumamente actuales, los festivales,

Undoubtedly, the public will come to know the work of Spanish artists this year as never before, for Spaniards have spent most of their history cut off from the outside world. The year 1992 will be different. The explosion of Spanish photographers onto an international arena that is the focus of the world's attention parallels Pamplona's *corrida de novillos* (the running of young bulls) or *corrida de toros* (the running of the full-grown bulls) during the July fiesta of San Fermín, popularized by the North American author Ernest Hemingway. Since Spain's rebound from a rule of censorship, the two current generations of documentary photographers are examining with strength and speed the fresh open climate and self-evaluation of the people of Spain.

To be sure, a few of the photographers included in this book and exhibition are known outside of their country, particularly in the United States. Koldo Chamorro and Cristina García Rodero participated in the 1987 exhibition "After Franco: A New Generation of Spanish Photography" at the Marcuse Pfeifer Gallery in New York, and the 1988 exhibition "Four Spanish Photographers," curated by Terence Pitts at the Center for Creative Photography in Tucson, Arizona. However, many of the photographers included in "Open Spain/ España Abierta" have never exhibited their work outside of their country; at most, a few of them have taken part in exhibitions in Spain, France, and Germany.

The photographers in this exhibition were selected with an eye toward the historical events about to take place, but more importantly, because their work has not been recognized adequately by a public with a global interest in people, art, and culture. After meetings and personal review of works by more than two hundred documentary photographers, The Museum Of Contemporary Photography, Columbia College Chicago, invited sixteen photographers to participate in the project. Many of these photographers were recommended to the museum by over sixty consultants to the project in the United States and Spain; others emerged in the review process. Most gratifying was the discovery and inclusion of work by a few photographers who were not known to some of the curators of photography in Spain.

The selection of works embodies the widest application of the medium of photography's potential for both documentation and visual impact. Traditionally, documentary photography has come to refer to pictures taken with an intent to inform rather than to inspire or express personal feelings. Clearly, however, many photographs can do both. "There is one thing the photograph must contain, the humanity of the moment," said Robert Frank, a Swiss-born immigrant to the United States and Canada and a predominant figure in documentary photography. "This kind of photography is realism. But realism is not enough—there has to be vision and the two together can make a good photograph. It is difficult to describe the thin line where matter ends and mind begins."

Specific subjects of documentary photography generally include archaeology, architecture, ethnological studies, geographical and geological exploration, industrial scenes, landscapes, medical and scientific topics, photojournalism, portraiture, social issues, urban topography, and war reportage. "Open Spain/España Abierta" features photographs that directly and tangentially incorporate all but two of these subjects—medical and scientific documentation, because of curatorial preference, and war reportage, because no open and prolonged military combat occurred inside the borders of Spain during the exhibition parameters, post-Franco years 1975–91. Isolated images of armed separatist activity directed against the police and army by the ETA, the minority Basque terrorist organization, and an attempted coup against Spain's fledgling democracy, led by Lieutenant Colonel Tejero of the Guardia Civil on February 23, 1981, appear largely in newsprint, most frequently by photographers of *COVER*, the first Spanish photographic agency.

The photographs in the exhibition were made by the sixteen photographers in Spain. Patriotism is great in this country and based in its geography. Spaniards are loyal to their region, perhaps even more so than to their state. In his book *The Spaniards, A Portrait of the New Spain*, 1987, British correspondent John Hooper writes: "Traditionally, a Spaniard's greatest affection has always been reserved for his or her native town or

las tradiciones, el carácter del pueblo, la transformación física de la ciudad y el campo, y una disparidad y congruencia generales. Los medios documentales nos brindan en la actualidad la oportunidad de captar las contradicciones que se manifestan en un país que está en un momento de transición; el objetivo es presentar una visión moderna sin sacrificar el carácter intrínseco que mejor encuadra el enigma español.

Parece indudable que el gran público llegará a conocer durante este año, como nunca en años anteriores, las obras de los artistas españoles, pues los españoles en general han vivido la mayoría de su historia aislados del mundo allende sus fronteras. El año de 1992 será otra historia. La explosión que ha significado la aparición de los fotógrafos españoles en un círculo de actividad internacional que será el punto de enfoque para todo el mundo, corre paralelo con la corrida de novillos o la corrida de toros durante los Sanfermines de Pamplona, que fueron popularizados por el autor norteamericano Ernest Hemingway. Desde que España experimentó los primeros efectos de rebote, después de un régimen de dictadura, dos generaciones actuales de fotógrafos documentalistas están examinando con energía y rapidez este ambiente abierto y la autoevaluación del pueblo español.

Es cierto que algunos de los fotógrafos incluidos en este libro y en esta exposición se conocen fuera de su país, sobre todo en los Estados Unidos. Koldo Chamorro y Cristina García Rodero figuraron en la exposición celebrada en la Galería Marcuse Pfeifer de Nueva York (1987): "Después de Franco: Una nueva generación de fotografía española". Figuraron además en la exposición celebrada en Tucson, Arizona (1988) y que fue organizada por Terence Pitts del Center for Creative Photography: "Cuatro fotógrafos españoles". No obstante, muchos de los fotógrafos que figuran en "Open Spain/España Abierta" no han expuesto sus obras jamás fuera de su país y, como máximo, sólo unos pocos han participado en exposiciones en España, Francia y Alemania.

Hemos seleccionado a estos fotógrafos en particular, con vistas a los acontecimientos históricos que se producirán en un futuro; pero la razón más importante por la que han sido seleccionados estos fotógrafos es que su obra no ha sido suficientemente reconocida por un público con un interés global en la gente, su arte y su cultura. Como resultado de reuniones y del repaso personal de las obras de más de doscientos fotógrafos documentalistas, The Museum Of Contemporary Photography, Columbia College Chicago, invitó a dieciséis fotógrafos a que participaran en el proyecto. Muchos de éstos fueron recomendados por más de sesenta asesores representantes de Estados Unidos y España; otros iban apareciendo en el mismo proceso de repaso de obras. Nos ha satisfecho de modo especial el que se haya descubierto e incluido la obra de algunos fotógrafos que no eran conocidos de todos los comisarios de fotografía españoles.

La selección de las obras abarca la más amplia aplicación de la potencialidad del medio fotográfico para ambos documentos e impacto visual. Suele ser el caso que la fotografía documental, como término indicativo, refiere a esas imágenes realizadas con intención de informar, en lugar de inspirar o de expresar los sentimientos más íntimos. Está claro, sin embargo, que muchas fotografías consiguen las dos cosas. "Una cosa que debe contener cualquier fotografía es la humanidad del momento", afirmó Robert Frank, una figura predominante en la fotografía documentalista, que había nacido en Suiza y que luego emigró a Estados Unidos y Canadá. "Este tipo de fotografía es el realismo, pero no vale el realismo únicamente; tiene que haber visión, y los dos factores en combinación pueden constituir una buena fotografía. Es difícil delinear dónde acaba lo temático y dónde comienza lo cerebral".

Precisamente, la temática de la fotografía documental suele incluir la arqueología, la arquitectura, los estudios etnográficos, la exploración geográfica y geológica, las escenas industriales, los paisajes, los temas médicos y científicos, el reportaje, el retrato, los asuntos sociales, la fotografía urbana, y reportajes de guerra. En "Open Spain/España Abierta" aparecen fotografías que directa o indirectamente incorporan todos los temas mencionados menos dos: a saber, la documentación médica y científica —por preferencias del asesoramiento— y el reportaje de guerra, por la razón de no haber existido ningún combate militar abierto y

district which the Spaniards themselves, in a telling phrase, often refer to as their *patria chica* or little fatherland. Next comes their province, then their region, last of all, the nation." "Open Spain/España Abierta" includes work by sixteen photographers from eight of the fifty provinces and six of the fifteen regions in Spain. All were born in this country, except Humberto Rivas of Buenos Aires.

The regional differences and identities, preserved by the Spaniards better than any other European people, are supported, among other things, by immense variations in the landscape, from vast, arid plains to snow-capped mountain ranges, and by language. Newcomers to the country will be surprised to learn that what foreigners think of as "Spanish" is in reality Castilian, the most widely spoken language, but three other tongues are commonly used as well. Catalan, a Romance language related to old Provençal, is spoken by over ten million people in the communities of Catalonia, the Balearic Islands, and Valencia, and other areas of the former Catalonia-Aragón crown. Euskera, an exotic tongue of prehistoric origin, is perpetuated by the genuine Basques, who comprise less than a quarter of the two and three-quarter million people living in the four provinces of Guipúzcoa, Biscay, Alava, and Navarre. Galician, at an evolutionary point between Castilian and Portuguese, has three dialects—western, central, and eastern—and is practiced by more than eighty percent of Galicia's three million inhabitants.

Regional differences in photography are apparent. Numerous Spanish photography exhibitions, particularly in the 1970s, defended regional identities. Furthermore, photographic trends have been started and perpetuated in sections of the country and characterized geographically by the following traits: the rational and objective influence of the North; the emotional and subjective compassion of the South; the traditional and orthodox tendencies of the East; and the revolutionary and experimental West. However, with the creative and professional freedom afforded by the new democracy; the proliferation of university courses (started only in the last decade) and workshops with international practitioners, in addition to commercial photography galleries; the availability of specialized publications on the medium; and increased competition, there has developed a desire on the part of Spanish photographers to be regarded as modern and West European. Although work reviewed for "Open Spain/España Abierta" reveals the heaviest concentration of documentary photography in central and northeast Spain, in regions of Aragón, the Basque Country, Catalonia, Navarre, and New Castile, the exhibition includes work by photographers located throughout the land.

The photographs in "Open Spain/España Abierta" reflect the most salient aspects of present-day Spain—contradiction, transition, and transformation. While a few of the sixteen photographers look backwards—Marta Povo's reflection on the few remaining spas in the region of Catalonia, and Carlos Cánovas's views of a manufacturing area that has fallen into a state of decay—others capture the Spanish folkloric events that will imminently disappear: Cristina García Rodero's series *Hidden Spain* and Koldo Chamorro's *Magical Spain*. Some glance forward, for example, Manolo Laguillo's and Alejandro Sosa Suárez's series on the physical transformations of the cities of Barcelona and Seville as the people there prepare for the events to take place in their respective cities in 1992; others focus directly on the intersection of past and future, such as Carlos de Andrés's reportage on the changing relationship between men and women and Xurxo Lobato's "kitsch" world of contrasts between rural and urban societies.

The essays that follow by Lee Fontanella and Marie-Loup Sougez provide insight into the Spanish character during this tumultuous period while contributing a history of the earlier development of photography in Spain that is infused with Spanish culture, politics, and economics. Further, they provide a context for and definition of documentary photography as applied in Spain. These writings, in addition to all other text in the publication and exhibition, are presented in two languages to parallel the interconnection of the United States and Spain, whose geographic outlook westward is the Americas.

Approximately eleven works by each of the participating photographers were selected from their respective series to illustrate the power of the photographs both as accurate maps and records, and as works tran-

prolongado dentro de las fronteras españolas durante los años que se representan en esta exposición, los años post-Franco (1975—91). Las imágenes aisladas de actividades separatistas armadas, dirigidas en contra de la policía y del ejército por la ETA (la organización vasca minoritaria terrorista), y las de un intento golpista dirigido por el Teniente Coronel Tejero, de la Guardia Civil, en contra de la democracia española cuando ésta era todavía muy joven, el 23 de febrero de 1981, han aparecido principalmente en las páginas de los periódicos y por lo general han sideo tomadas por los fotógrafos de *COVER*, la primera agencia fotográfica española.

Las fotografías que constituyen la exposición fueron realizadas en España por los dieciséis fotógrafos. El patriotismo en España es muy notable, y se basa en su geografía. Los españoles son fieles a su región, y quizá lo son más que al estado. En su libro *Los españoles: Un retrato de la España nueva* (*The Spaniards, A Portrait of the New Spain*, 1987) el corresponsal británico John Hooper escribe lo siguiente: "Ocurre casi siempre que el español mantiene en reserva su mayor afecto para con su pueblo o distrito natal, al cual el español mismo llama—en unas palabras que nos dicen mucho—'la patria chica'. Luego, viene la provincia, la región, y últimamente la nación". "Open Spain/España Abierta" abarca la obra de dieciséis fotógrafos de ocho de las cincuenta provincias y seis de las quince comunidades de España. Todos nacieron en este país, menos Humberto Rivas, de Buenos Aires.

Las diferencias regionales y las identidades correspondientes, que se conservan mejor en España que en cualquier otro lugar de Europa, se sostienen por la variedad del paisaje—que se extiende desde las llanuras inmensas y áridas hasta las sierras cubiertas de nieve—y del lenguaje, entre otras cosas. El recién llegado a España se sorprenderá de que en España se hablan, por los menos, cuatro idiomas principales, de los cuales el de mayor difusión es al que se suele llamar "castellano". El catalán, lengua románica muy afín al occitano, lo hablan más de diez millones de personas en las comunidades autónomas de Cataluña, las Islas Baleares y la Comunidad Valenciana y otros dominios de la antigua corona de Cataluña-Aragón. El euskera, idioma exótico de origen prehistórico, se mantiene entre los vascos genuinos, que son menos de la cuarta parte de las 2.750.000 almas que constituye la población de las cuatro provincias de Guipúzcoa, Vizcaya, Alava y Navarra. El gallego, que representa un punto evolutivo entre el castellano y el portugués, tiene tres dialectos correspondientes al Oeste, centro y Este de dicha región, y se usa entre más del ochenta por ciento de los tres millones de habitantes de Galicia.

También son obvias las diferencias regionales en la fotografía misma. Muchas exposiciones de fotografía española, particularmente durante la década de 1970, defendían las identidades regionales. En diferentes partes del país se han originado y perpetrado, además, tendencias fotográficas que se han caracterizado según los siguientes rasgos: la influencia racional y objetiva del Norte, la compasión emocional y subjetiva del Sur, las tendencias tradicionalistas y ortodoxas del Este, y lo revolucionario y experimental del Oeste. Sin embargo, la libertad creativa y profesional que ha brindado la democracia, la proliferación de cursos universitarios (los cuales apenas se inauguraron en los últimos diez años) y los cursillos dirigidos por fotógrafos de reconocimiento internacional, además de la existencia de galerías comerciales de fotografía, la disponibilidad de publicaciones especializadas en la materia y el aumento de la competencia, son todos factores que han contribuido a que los fotógrafos españoles se sientan deseosos de ser reconocidos como modernos y representantes del Oeste de Europa. Aunque las obras incluidas en "Open Spain/España Abierta" dejan constancia de una mayor concentración de fotografía documental en el centro y Nordeste del país, en las regiones de Aragón, Pais Vasco, Cataluña, Navarra y Castilla la Nueva, esta exposición incluye obras realizadas por fotógrafos situados en todos partes de España.

Las fotografías de "Open Spain/España Abierta" son un reflejo de los aspectos más destacados de la España actual: contradicción, transición y transformación. Pocos entre el grupo de los dieciséis fotógrafos miran hacia atrás. Marta Povo ha captado los pocos balnearios que quedan en la región catalana, y Carlos Cánovas es testigo de un área caracterizada por sus fábricas, pero que ha caído en un estado de decrepitud.

scending function to afford aesthetic expression in their formal resolution. In consonance with this central thesis of the exhibition and book, the sequencing of the images is purposefully "composed," contrary to a more traditional chronological progression. The result is a modern vision of Spain, complete with images of conventional Spanish character, even the stereotypical and omnipresent bulls, but reflective of the coexistence of indigenous traditions and contemporary vicissitudes. The struggle among the people of Spain to unite as a European nation and the tendency to disperse and isolate into regional enclaves continues, yet one cannot help but notice the advancements. The Spaniards have moved a very long way in an extremely short span of time.

Otros captan los acontecimientos folklóricos españoles que están en trance de desaparición: la serie llamada "España Oculta", de Cristina García Rodero; y la que se llama "España Mágica", de Koldo Chamorro. Algunos miran hacia el futuro. Por ejemplo, Manolo Laguillo y Alejandro Sosa Suárez han realizado series sobre las transformaciones físicas en las ciudades de Barcelona y Sevilla, donde los habitantes respectivos preparan el camino para los acontecimientos que tendrán lugar en aquellas ciudades en 1992. Otros han puesto el enfoque directamente en el punto de cruce entre pasado y futuro, como lo ha hecho, por ejemplo, Carlos de Andrés en su reportaje acerca de la relación alternante entre el hombre y la mujer, o Xurxo Lobato, al fotografiar el mundo "kitsch" en el que contrastan las sociedades urbanas y campesinas.

Los ensayos que aparecen a continuación, escritos por Lee Fontanella y Marie-Loup Sougez, nos facilitan una visión del carácter español durante este período turbulento, a la vez que contribuyen al curso de la historia que ha seguido la fotografía en España, la cual se define por motivos culturales, políticos y económicos. Facilitan, además, un contexto por el cual definir y comentar la fotografía documental tal como se ha aplicado en España. Dichos ensayos, junto con los demás textos que se encuentran en esta publicación y en la exposición, se presentan en dos idiomas, con la intención de establecer un paralelo con la interconexión entre los Estados Unidos y España, cuya mirada hacia el Oeste consiste en las Américas.

Aproximadamente once obras individuales de cada uno de los fotógrafos que participan en la exposición fueron seleccionadas de sus respectivas series con el fin de dejar que ellas mismas demuestren el poder de la fotografía como constancia y guía fidedignas, que trasciendan además su funcionalidad para brindarnos en última instancia una expresión estética. De acuerdo con la tesis central de la exposición y el libro, la secuencia de las imágenes ha sido "compuesta" a propósito, al contrario de una progresión cronológica más tradicional. El resultado es una visión moderna de España, llena sin embargo de imágenes del carácter español convencional, hasta de los toros estereotipados y omnipresentes; un reflejo, no obstante, de la coincidencia entre las tradiciones indígenas y las vicisitudes contemporáneas. Continúa una tirantez entre la tendencia de los españoles hacia la dispersión y aislamiento en sus protegidos rincones regionales por un lado, y la de unirse como nación europea, por otro. A pesar de dicha tirantez, es inevitable tomar nota de los adelantos. El español, en muy poco tiempo por cierto, ha logrado grandes avances.

THE LIMITS OF DOCUMENTARY PHOTOGRAPHY

By Lee Fontanella

The entire history of photography—and of many other art forms for that matter—has been one in which beauty for its own sake has been pitted against utilitarianism. Therefore, in any effort to arrive at a definition of documentary photography, or to discuss its presumed opposites, a whole range of issues arises: aesthetics, ethics, perception, historical perspective, and so on. We cannot define documentary photography solely in terms of style or content.

The issues concerning documentary and its antitheses were inherent in the earliest considerations the new science of photography faced, though it is doubtful that practitioners of photography expected at the outset that such concerns were so rooted in photography's very nature that they would pervasively, and for so long—possibly forever!—define its parameters. It is more likely that the invention of photography was prompted by a utilitarian motive—at least by a perceptual and psychological need for greater detail and heightened realism. Such needs may be classified as utilitarian even when they are serving to copy a vast corpus of pictorial images for purposes of public consumption. The heliographs of preexisting images by Nicéphore Niepce (French, 1765–1833), the calotype positives of Spanish artworks by Fox-Talbot's assistant, Nicolaas Henneman (Dutch, 1813–1875), even the photographs by disciples of Daguerre (French, 1787–1851) beautifying otherwise humdrum human subjects, all point to an underlying utilitarian function in early photography. Although their ostensible intention was to propagate beauty, the motive was not primarily an artistic idealization of reality as it existed.

If we can say that photography took flight with intentions that were relatively utilitarian, as opposed to artistic, perhaps we can say also that documentary photography, with its largely pragmatic intent, is more proximate to photography's beginnings than are other photographic modes. But no matter how true that may be, the incipient forms that photography took, as well as documentary photography in general, both incorporate (often without even trying) modes of perception and photographic styles that at first blush seem inimical to "pure" documentary. Ironically, it seems that documentary is best served when it is not easily definable. It is richest when it is not purest, or, if you will, rich when it is not "purist." Inclusivism, not exclusivism, is the shibboleth here. This, to be sure, is in the spirit of "open Spain," the guiding concept and inspiration for the present exhibition, in which the limits of documentary photography are broadly and boldly interpreted.

It was precisely such incorporative richness that defined both the dilemma and magnificence of Peter Henry Emerson (British, 1856–1936). While Emerson remained relatively consistent stylistically, on the theoretical level he was an alternating current. In striving for an extreme of the realist vision, namely, for what he thought of as "naturalism," he prefigured pictorialism. (And if there is one style from the Emerso-

LOS LIMITES DE LA FOTOGRAFIA DOCUMENTAL

Por Lee Fontanella

La historia entera de la fotografía—y de hecho, la de muchas otras formas artísticas—ha sido la en que la belleza misma se ha encontrado frente a frente con el utilitarismo. Es por esta razón que tiene que surgir toda una serie de cuestiones en el curso de cualquier esfuerzo por llegar a una definición de la fotografía documental o por discutir los géneros que se supone contrarios a aquélla; cuestiones como la estética, la ética, la percepción, la perspectiva histórica, etc. No podemos definir la fotografía documental ni discutir sus supuestos contrarios sólo en términos de estilo o de contenido.

Las cuestiones relativas al documentalismo y sus antítesis ya estaban latentes en las primeras consideraciones con las que tenía que enfrentarse la nueva ciencia fotográfica, aunque es dudoso que, al principio, los practicantes de la fotografía esperaran que tales preocupaciones estuvieran tan arraigadas en la naturaleza misma de la fotografía y que por tanto tiempo—¡quizás para siempre!—definieran de modo tan completo sus parámetros. Lo que es más probable es que la invención de la fotografía estuviera fomentada por un motivo utilitario—por lo menos, por unas necesidades perceptivas y psicológicas del realismo realzado y más detallado. Podemos clasificar tales necesidades de utilitarias, aún cuando sirvan para copiar un cuerpo infinito de imágenes pictóricas con vistas a su difusiòn entre el público. Las heliografías de Nicéphore Niepce (francés, 1765–1833), los positivos a partir de calotipo de obras maestras españolas realizados por el ayudante de Fox-Talbot, Nicolaas Henneman (holandés, 1813–1875) y hasta las fotografías realizadas por los discípulos de Daguerre (francés, 1787–1851) mediante las cuales embellecía sus temas humanos, de otro modo comunes y corrientes—señalan todos ellos una función utilitaria subyacente en los orígenes de la fotografía. Aunque su intención más obvia fuese la de la difusión de la belleza, su motivo no fue la idealización artística de la realidad tal como era.

Si podemos afirmar que la fotografía despegó con intenciones que fueron relativamente utilitarias más que artísticas, entonces podemos tal vez afirmar además que la fotografía documental está más cerca de los principios de la fotografía de lo que lo están otras modalidades fotográficas, debido al propósito mayormente pragmático de aquélla. A pesar de lo acertada que pueda ser tal afirmación, tanto las formas incipientes que adoptó la fotografía como la fotografía en general, incorporan—sin hacer ningún esfuerzo al respecto en muchas ocasiones—los modos perceptivos y los estilos fotográficos que a primera vista parecen enemigos del documentalismo "puro". Irónicamente, parece que la fotografía documental es más perfecta cuando no se puede definir de manera fácil. Es más lograda cuando no es demasiado pura o, por decirlo de otra manera, es rica cuando no es "purista". Aquí el lema es el inclusivismo. Esto, por cierto, está conforme con el espíritu de una España abierta—inspiración, concepto y guía de la presente exposición, en la cual los límites de la fotografía documental se interpretan de forma atrevida y amplia.

nian era that we might name as the professed enemy of realism, it would be pictorialism. Today, the "subjectivists" seem to have taken up the antirealist cause in Spain.) The same might be said for Alfred Stieglitz (North American, 1864–1946), Alvin Langdon Coburn (British, 1882–1936), and Edward Steichen (North American, 1879–1973), except that all three were striving in the beginning for the pictorialist accomplishment, which was their natural birthright as post-Emersonian photographers. The brilliance of Stieglitz is that he fully embraced with consistent expertise such apparently disparate and wide-ranging styles. He seems to have suffered little from the intellectual muddle that characterized the course of Emerson's theories, or, at least, to have come to terms with that confusion. Nonetheless, the battle between the carefully constructed pictorial style and the new directness, or "straight" photography, was precisely the central issue of photography at the turn of the century. It was, furthermore, a logical culmination of the disparity of modes inherent from the inception in photography, despite its ostensibly utilitarian beginnings.

As for Coburn and Steichen, with their respectively symbolic and obscure, highly wrought photographs, they turned out to be pioneers of a style antithetical to symbolic and obscure pictorialism. Coburn's shiny "vortographs," which so appealed to the vanguard perspectivists of the time, and Steichen's aerial scapes, which were well defined in their detail but abstract in their totality, were innovative photographic art forms with promise for the new technological possibilities of the airplane. It is this effective combination of modes that we find in some examples in the present exhibition: in Carmelo Alcalá Ezquerro's *Lumberjack Events—Two Generations*, 1988; in Jaume Blassi's *Urbasa, Navarre*, 1990; and in a particular sense, in Alejandro Sosa Suárez's unusual views of the fairgrounds in Seville.

The fact that examples such as these exist casually within the present exhibition should serve as a strong hint that the tensions between photographic tendencies that existed at the turn of the century have been assimilated quite comfortably and unproblematically into current Spanish photography, whether primarily documentary or the opposite. Examples such as these indicate that some present documentary work has its stylistically eclectic aspects. I would readily add to those mentioned Cristina García Rodero's *La Tabúa*, Zarza de Montánchez, 1985, and *The May Queen*, Colmenar Viejo, 1989, for they are reminiscent of Stieglitz's early romance with the indefinite, at the same time that they purport to depict a specific thing or event. Blassi's flowering foliage and misty cliffs and Marta Povo's watery veils also remind us of Stieglitz. What the above-cited images achieve on the level of technique, a full third of Cristóbal Hara's present exhibited photographs achieve on the level of subject matter. The static torsos of bullfighters indoors turn into a grotesque, but graceful, ballet in the ring. From the sweep of the green cape and the contrapuntal escape off the frame by the youth at the *novilladas*, to the fallen bull which forms a graceful half-moon and then seems lifted to heavens made prosaic by telephone poles, we find ourselves somewhere between Baron Adolph De Meyer's static Nijinsky portrait (1911) and Arnold Genthe's photograph of Doris Humphrey dancing nude (1916); somewhere along the gamut of possibilities represented in George Platt Lynes's photographs of the dance. This creation of hybrids within a given genre establishes that it is not exclusiveness that defines the times. In spite of dichotomous terms which may in fact give shape to discussion, we are obliged by the present facts to consider a nonexclusivist realm for documentary. In the end, this may be what determines artistic value in photography that is essentially documentary.

For the purposes of defining the limits of documentary, Steichen is particularly interesting. His origination in 1955 for The Museum of Modern Art in New York of "The Family of Man" exhibition signified an about-face in photographic style. Although they were not his own photographs, Steichen's significant participation in selecting from among the hundreds of images submitted for the exhibition may be taken as a sign that the times had altered radically since his salad days at the turn of the century; the changed historical circumstances implied a change of taste, both personal and general, and a shift in photographic style as well. That shift, and even its causes, was already predictable from the fact of Steichen's World War I aerial photo-

Es precisamente tal riqueza incorporadora la que definía tanto el dilema como lo magnífico de Peter Henry Emerson (británico, 1856–1936), ya que mientras a nivel estilístico éste se mostró relativamente consistente, al de la teoría él se destacó por ser una corriente alterna. En su intento por llegar al extremo de la visión realista—que él llamó "naturalismo", específicamente—Emerson prefiguró el pictorialismo. (Si es posible designar un estilo de la época de Emerson como el enemigo declarado del realismo, ese estilo sería el pictorialismo. Hoy en día, los llamados "subjetivistas" parecen haber izado bandera en contra del realismo en España.) Lo mismo podríamos afirmar acerca de Alfred Stieglitz (norteamericano, 1864–1946), Alvin Langdon Coburn (británico, 1882–1936) y Edward Steichen (norteamericano, 1879–1973), con la salvedad de que al principio los tres quisieron lograr el colmo pictorialista, que era su herencia natural como fotógrafos postemersonianos. El brilliante logro del primero consistió en saber abarcar de modo tan completo, y con destreza tan consistente, estilos tan dispares y ampliamente diferentes. Parece haberle afectado poco el maremagnum que caracterizaba las teorías de Emerson y haber llegado, al menos, a una conciliación con tal confusión. No obstante, la lucha entre el estilo forjado tan cuidadosamente y el nuevo estilo directo (fotografía "straight") fue, para ser precisos, la cuestión palpitante en la fotografía de fines de siglo. Podría añadirse que fue el resultado que se podía esperar de la disparidad inherente en las modalidades fotográficas desde sus comienzos, a pesar de que los comienzos fuesen más que nada utilitarios.

Por otra parte, Coburn y Steichen, con sus fotografías tan trabajadas, simbólicas y oscuras respectivamente, llegaron a ser pioneros de un estilo antitético al pictorialismo simbólico y oscuro. Las "vortografías" de Coburn, cuyo brillo atraía tanto a los perspectivistas vanguardistas de su tiempo, y las vistas aéreas de Steichen, muy definidas en sus detalles pero abstractas en su totalidad, eran, en efecto, formas innovadoras en el arte fotográfico que prometían bastante debido a las posibilidades tecnológicas que ofrecía el avión. Tal es la eficaz combinación de modalidades que encontramos en algunos de los ejemplos de la presente exposición: en *Aizkolariz—Dos generaciones*, 1988, de Carmelo Alcalá Ezquerro; en *Urbasa, Navarra*, 1990, de Jaume Blassi; y de modo especial, en las vistas poco usuales de los terrenos de la feria a celebrarse proximamente en Sevilla, realizadas por Alejandro Sosa Suárez.

El hecho de que existan sin propósito especial ejemplos de este tipo dentro de la presente exposición, debe servir como indicio bastante claro de que la tirantez entre las tendencias fotográficas que existía a fines de siglo ha sido asimilada de manera cómoda y sin problemas dentro de la fotografía española actual, ya sea de tipo fundamentalmente documental o de tipo contrario. Ejemplos como éstos indican que una parte de la actual obra documental tiene aspectos estilísticos eclécticos. Fácilmente se puede agregar a las ya mencionadas *La Tabúa*, Zarza de Montánchez, 1985 y *La maya*, Colmenar Viejo, 1989, de Cristina García Rodero, pues nos hacen recordar la temprana fascinación por parte de Stieglitz por lo indefinido, aunque pretendan pintar una cosa específica o un acontecimiento. El follaje florecido y las peñas brumosas que aparecen en las obras de Jaume Blassi, y la vela acuática que fotografía Marta Povo, también nos traen a la mente lo mismo. Lo que consiguen a nivel técnico las imágenes que acabo de mencionar, lo consigue Cristóbal Hara en el contenido de no menos de un tercio de las fotografías suyas que se exponen aquí. Los torsos extáticos de los toreros en la fotografía interior se transforman en un ballet primoroso a la vez que grotesco dentro del ruedo. De la acometida de la capa verde y la fuga hacia fuera del margen de la imagen por parte del joven de la novillada—que sirve de contrapunto a la primera, por casualidad—al toro caído que forma una media luna elegante, que luego parece elevada hacia los cielos hechos prosaicos por el hecho de los palos telefónicos, nos encontramos en algún punto entre el retrato de Nijinsky extático (1911), realizado por el barón Adolf de Meyer y la fotografía realizada por Arnold Genthe de Doris Humphrey bailando desnuda (1916); en algún punto en la gama de posibilidades representadas en las fotografías de la danza realizadas por George Platt Lynes. La creación de formas híbridas dentro de un mismo género nos da a entender que lo que define estos tiempos no es el exclusivismo. A pesar de los términos divisorios que pueden, en efecto, informar la discu-

graphs, which predicated his straight photographic work. They appear quite divorced from his former insistent pictorialism, and they must have been most appealing to the futurists of the day.

It would be rash in photography to infer an evolution toward any one particular style at the expense of another, or to surmise from examples of Stieglitz, Coburn, and Steichen that documentary is the inevitable outcome of a thoroughgoing pictorialism. Although photography is a relatively young art, which makes particularly difficult predictions about the direction it will take, it seems that it is destined to undergo the same fate as the other arts and philosophical trends: namely, that it will oscillate between idealizing the real and reifying the ideal. Perhaps a better characterization of that likely continuing motion between two poles could be expressed as an admixture, in varying degrees, of different stylistic elements. Yet "oscillation" seems too simple, too metronomic; "cyclical" seems too black-and-white a term; and "evolutionary" is out of the question, because it posits value judgments with respect to beginnings and ends, usually as consistent improvement. If, like the other arts, photography is to be thought of as constantly searching for selfhood— as it did, desperately, around the turn of the century, when documentary came into its own—then it must be understood as stylistic admixture. Once again, it is in this guise that it is seen as richest.

Fig. 1 José Ortiz Echagüe (Spanish, 1886–1981)
Moor in the Wind (Moro al viento), 1909
Carbon print, Fresson process (Positivado al carbón, proceso Fresson)
Collection of the Ortiz Echagüe Family (Colección Familia Ortiz Echagüe), Madrid

sión, los hechos que tenemos a mano nos obligan a considerar un ambiente no exclusivista para el documentalismo. Esto puede ser lo que a la larga determine el valor artístico en la fotografía que sea fundamentalmente documental.

Steichen nos interesó particularmente para nuestros propósitos definitorios de los límites del documentalismo. Su organización de la exposición "The Family of Man" (1955) para el Museum of Modern Art (MOMA) significó una auténtica revolución en lo que al estilo fotográfico se refiere. Aunque no se trataba de sus propias fotografías, la participación significativa por parte de Steichen en la selección de entre los centenares de fotografías entregadas para la exposición, puede tomarse como un indicio de que los tiempos habían cambiado de modo radical, desde sus comienzos a principios del siglo y de que el cambio de las circunstancias históricas había significado también un cambio de gusto, tanto a nivel general como personal, que conllevaba una alteración en el estilo fotográfico. Tal alteración y sus causas resultaron ya evidentes en las fotografías aéreas realizadas por Steichen durante la primera guerra mundial, las cuales predicaron la obra fotográfica "directa". Dichas fotografías parecen bastante apartadas del anterior pictorialismo insistente de Steichen, y habrían tenido mucho atractivo para los futuristas en aquella época.

Sería apresurado suponer para el caso de la fotografía una evolución hacia un estilo en particular a expensas de otro, o deducir en base a los ejemplos de Stieglitz, Coburn y Steichen que el documentalismo sea el resultado inevitable de un pictorialismo allanador. Aunque la fotografía es un arte relativamente joven, lo cual hace difícil que nos lancemos con pronósticos acerca del rumbo que pueda tomar en el futuro, parece que su destino la hará susceptible a lo que siempre ha ocurrido con las demás artes y tendencias filosóficas: a saber, que la fotografía oscilará entre idealizar lo real y concretar lo ideal. Quizá fuera mejor expresar ese probable movimiento continuo entre dos polos opuestos como mezcla de distintos elementos estilísticos, tomados en grados diferentes. Sin embargo, la "oscilación" parece algo demasiado simple, demasiado metronómico; "cíclico" parece ser un término demasiado blanco y negro; y "evolucionario" es inadmisible, porque propone juicios de valor con respecto a principios y fines, suponiendo la mayoría de las veces una consistente mejora. Si tratamos la fotografía como las demás artes, entonces hay que pensar en aquélla como si estuviera continuamente involucrada en una búsqueda por su propia constancia—lo que hacía desesperadamente a la vuelta de siglo aproximadamente, cuando la fotografía documental vino a ocupar un sitio propiamente suyo—y entonces hay que comprenderla como mezcla estilística. Repito que se la apreciará como enormemente potente cuando se la considera de esta forma.

Como las diferentes modalidades de la fotografía están compuestas de mezclas estilísticas, de la misma manera las cuestiones que pudieran ayudarnos a definir los límites de la documentación son interdependientes, y no se pueden resolver independiente. Sin embargo, podemos proponerlas como separadas, sólo por razones de la discusión. Una de las cuestiones claves que ha sido crucial en la discusión del documentalismo ha sido la de si el esfuerzo y los resultados documentalistas resultan disminuidos cuando el fotógrafo aspira tanto a una estética visual alta como a un contenido documentalista. El historiador y fotógrafo Beaumont Newhall recurrió a los dos ejemplos siguientes para abordar la cuestión del documentalismo. John Grierson afirmó que la aplicación del elemento estético como contrapunto de los "comienzos y propósitos no estéticos de la fotografía" (traducción mía) tenía mucho sentido; no estaría de acuerdo con esto Paul Rotha, pues dió a entender que tales consideraciones estéticas podrían llegar a ser nocivas para el documentalismo ("no se debe permitir nunca que la más alta calidad fotográfica llegue a ser una virtud en sí"). La única forma de abordar el tema con propósito conciliatorio involucra tomar muy al pie de la letra las afirmaciones de Rotha: el efecto dañino de la estética en el documentalismo puede darse cuando esa área de calidad *en particular* llega a ser—en el documentalismo, específicamente hablando—la virtud *más alta* o *la única*.

Just as the different modes of photography are composed of stylistic admixtures, so too the topics that might assist us in an effort to define the limits of documentary are interdependent and not answerable as separate questions. However, we might posit them as separate, just for the sake of discussion. One key issue which has rested at the crux of the discussion of documentary has been whether or not the documentary effort and effect are diminished when the photographer aims at a high visual aesthetic, as well as at documentary content. It is not hard to find polarized views on this issue. The historian and photographer Beaumont Newhall used the following two in order to approach the question of documentary: John Grierson's remark that it made "good sense" to use aesthetics to undercut the recognized "unaesthetic beginnings and purposes of photography"; and Paul Rotha's disagreement, intimating that such aesthetic considerations could actually be detrimental to documentary ("photographic excellence must never be permitted to become a virtue in itself"). The only conciliatory approach, the only grounds for marriage between these views, involves taking Rotha very literally: the detrimental effect of aesthetics may occur when that particular realm of excellence becomes — in documentary, specifically — the *highest* or the *exclusive* virtue.

We speak in these terms because we can indeed perceive which of these two concerns — the how and the what, the form and content — takes priority in a photograph. In documentary photography, it is usually the latter, the content, that is paramount. (This does not run contrary to what Grierson thought, except that he would say that the form could enhance the supposedly antithetical content.) In the particular case of Spain, this observation is crucial, for Spain was extraordinary — some would go so far as to say exaggerated — in its pictorialist persistence, even while many Spanish representatives of this style were intentionally documenting. For example, José Ortiz Echagüe (1886–1981), Spain's most renowned pictorialist photographer, is famous for his suites on castles, human types, regional costumes, and the like (see fig. 1). Recently, historians and some critics have begun to reject Ortiz Echagüe's obsession with his favored technique, Fresson, and the high pictorialist style he cultivated throughout his photographic career. His opponents find this technical contrivance, no matter how masterful, discordant with the indigenous content that constituted his subject matter, which, they argue, requires more truth, more sincerity, and relatively little idealization of the obvious sort. Incidentally, since Ortiz Echagüe is hardly an isolated case among Spanish photographers of the first half of the twentieth century, we might wonder if current Spanish documentary photography is not in some part an expressive force in direct opposition to such pictorialism. Nevertheless, the subjectivist style (especially notable around Seville) now fills a role in opposition to documentary photography. Miguel Angel Yáñez Polo (b. 1940), José Manuel Holgado Brenes (b. 1940), and Luis Ortiz Lara (b. 1943) serve as examples; outside of Seville, now, the photographer and theoretician Manuel Falces (b. 1952) has been another spokesman for the nondocumentary position.

Disputes over such issues as the justifiability of "pictorializing" the documentary subject suggest that, rightfully or not, there seems to exist more than a touch of paranoia about the stylized belying of the reality that documentary pretends to mirror. Perhaps a greater fear is that the artful personalized image tends to replace the reality that it pretends to mirror rather than to underscore it. It seems, then, that documentary quality tends to diminish when the referents in the real world, their representational meaning within the photograph, and the photographer's intention all grow disguised or, at least, difficult to distinguish.

In 1904, in his essay "A Plea for Straight Photography," (Carl) Sadakichi Hartmann (North American, 1867–1944) railed against overwrought pictorialist work on similar grounds: "It is only a general tendency towards the mysterious and bizarre which these [pictorialists] have in common; they like to suppress all outlines and details and lose them in delicate shadows, so that their meaning and intention become hard to discover." The implications are multiple; straight photography has a clarity that does not leave the result (nor the intention behind it) open to question or tending toward the mysterious and the bizarre. The direct photographic style, from which modern documentary springs — but in which it does not in all cases remain

Hablamos en tales términos porque somos capaces de percibir cuál de estas dos preocupaciones—el cómo y el qué, la forma y el contenido—es de primer orden en una fotografía. En la fotografía documental, el contenido, suele ser el último. (Esto no contradice lo que pensaba Grierson, excepto que él hubiera dicho que la forma podría prestar realce al contenido supuestamente antitético.) En el caso particular de España, la observación es crucial, pues España se ha mostrado extraordinaria—dirían algunos que exagerada—en su apego por el pictorialismo, aún cuando muchos representantes de dicho estilo en el país documentaran intencionadamente. Por ejemplo, José Ortiz Echagüe (1886–1981), el más renombrado fotógrafo pictorialista de España, es famoso por sus colecciones de fotografías de castillos, tipos humanos, trajes regionales y temas de esta índole (fig. 1). Más recientemente algunos críticos e historiadores han empezado a criticar la obsesión demostrada por Ortiz Echagüe a favor de su técnica preferida, el Fressón, y el alto estilo pictorialista que éste cultivó a lo largo de su carrera fotográfica. Sus oponentes opinan que su técnica labrada—no obstante lo lograda que fuese—era discordante con el contenido autóctono que constituía su temática; pues razonan que ésta requiere de más verdad, más sinceridad y menos idealización de tipo evidente. A propósito, puesto que Ortiz Echagüe no fue ni mucho menos un caso aislado entre los fotógrafos españoles de la primera mitad del siglo XX, estamos obligados a preguntarnos si la fotografía documental española de hoy es en parte una fuerza expresiva directamente opuesta a tal pictorialismo. Sin embargo, el estilo subjetivista (especialmente notable en la región sevillana) cumple hoy en día un papel de oponente a la fotografía documental. Miguel Angel Yáñez Polo (n. 1940), José Manuel Holgado Brenes (n. 1940), y Luis Ortiz Lara (n. 1943) sirven de ejemplos; y fuera de Sevilla ya, el fotógrafo y crítico teórico Manuel Falces (n. 1952) ha sido otro portavoz de la postura no documentalista.

Las discusiones acerca de si es posible justificar la "pictorialización" del tema documental sugieren que, con razón o sin ella, parece existir más de un toque de paranoia por la estilizada falsificación de la realidad que pretende reflejar el documentalismo. Quizás sea mayor aún el temor de que la imagen estilizada personalizada, tienda a reemplazar la realidad que pretende sustituir, en lugar de subrayarla. Parece entonces que la cualidad documental tiende a menguar cuando los referentes en el mundo real, su sentido representacional dentro de la fotografía, y la intención del fotógrafo, se disfrazan o, por lo menos, se hacen difíciles de distinguir.

En 1904, en su ensayo "Una apología por una fotografía directa", (Carl) Sadakichi Hartmann (norteamericano, 1867–1944) se declaró en contra de la obra sobradamente labrada en base a estos criterios: "Lo que tienen en común estos pictorialistas es únicamente la tendencia general hacia lo misterioso y lo extraño; les gusta suprimir todos los contornos y detalles y hacer que se pierdan en las sombras delicadas, de forma que su intención y sentido se hagan difíciles de descubrir" (traducción mía). Las deducciones son múltiples: la fotografía directa posee una claridad que no deja lugar a que el resultado fotográfico (ni tampoco la intención tras la imagen) se cuestione ni que acabe en lo misterioso y lo extraño. El estilo fotográfico directo, del cual surge el documentalismo moderno—pero dentro del cual no en todos los casos permanece para siempre sin que suceda la hibridación estilística—no intenta disfrazar la intención fotográfica ni el sentido más profundo, aún cuando éste traicione lo concreto para acabar en lo conceptual o en la alegoría. La imagen realizada por Carlos Cánovas de los tanques de butano enmarcados dentro de otras señas de la civilización más delicadas e inocuas no parece misteriosa y, sin embargo, puede resultar amenazadora. En los Estados Unidos, John Pfahl (norteamericano, n. 1939) ha hecho que lo amenazador parezca verdaderamente glorioso con el propósito de aumentar la cualidad de ironía en su serie "Power Places" (Sitios de poder). Carlos Cánovas coloca un árbol renuevo sin hojas de tal modo que, junto con sus dos formas de fondo, crea una imagen cruciforme, o sea cristiana. La fotografía realizada por Koldo Chamorro con un tema de momias en el armario (¿enjauladas?) es de alguna manera algo más que los objetos concretos que pinta de forma directa; implica, tal vez, una historia burlesca acerca del envejecimiento, una "danza de la muerte" a la inversa, en la que la

forever without stylistic hybridization—makes no attempt to disguise photographic intention or ultimate meaning, even when meaning moves from the concrete to the conceptual in an allegorical fashion. For example, Carlos Cánovas's image of butane tanks framed by other, more delicate and innocuous signs of civilization is not mysterious, but can signify something foreboding. In the United States, John Pfahl (North American, b. 1939) has made the ominous look downright glorious, to enhance the quality of devious irony in his *Power Places* series. Cánovas flanks a leafless sapling with two background shapes that together create a cruciform or "Christian" image. Koldo Chamorro's mummy-cage photograph is somehow more than the concrete items it depicts in direct fashion; perhaps it implies a mocking tale about aging, an inverted "Dance of Death," wherein Death can dance no more. In an overtly comical way, Xurxo Lobato achieves a similar effect in his image of Superman at the amusement park.

Indeed, much of Cristina García Rodero's work could be interpreted in this way: with reference to the concrete, but with implications of a tale beyond the photograph that is moral, ethical, ethnic, and religious. The dreaming girl in the foreground of *On the Threshing Slopes*, Escober, 1988, is like José Ribera's *Jacob's Dream* painting in the Museo del Prado in Madrid, with which there is a likely correspondence between the Spanish seventeenth-century phrase "life is a dream" (Calderón de la Barca, *La vida es sueño*, 1635) and "tragic sense of life" (Miguel de Unamuno, *Del sentimiento trágico de la vida en los hombres y los pueblos*, 1913). If García Rodero's girl, who separated herself from the threshers both imagistically and by virtue of her dream, is creating her own life by dreaming away another, is this perhaps her artistic negation of the life from which she has withdrawn? Vast philosophical implications rest vibrant in the documentary photographs of García Rodero, and, as we have just seen, not solely for reasons of the indigenous rituals which her documentary depicts. Examples of the rituals are obvious: *Performing a Passion Play*, Riogordo, 1983; *The Trinity*, Lumbier, 1980; *A Promise to Life*, Amil, 1975; and *Heads of Wax*, Gende, 1977. Maybe it is the ecstatic moment, quite strictly speaking, in *On the Threshing Slopes* and *The May Queen* that transforms the photographs into allegorical departures from concrete facts, instead of photographic depictions of ritualistic allegory.

Marta Povo's unpeopled, half-peopled, ghostly salons of the spas of yesteryear constitute a whole suite of images that tell a bittersweet tale beyond the statuesque items depicted in the photographs. Similarly, Humberto Rivas's subjects are, at first glance, static "hollow men." This is the virtue of *Loredana*, 1989, and *Aleidys*, 1990, and of *Ester* and *Eva*, both 1990. When we compare the two pairs, we realize that whether all-body or no-body (because clothing tends to fade out of view), these stilled figures have undergone a purposeful depersonalization that universalizes them. The North American photographer Joel-Peter Witkin (b. 1939) has often used masks and blindfolds, so that the individualism of the subjects will not undercut their vaster imagistic, often moral, significance. Rivas tempts us to subscribe to the documentary tenet that the straightforward image is most "eloquent" when it is quietest and physically stilled. This is the opposite of the nude expressionist approach of Charles Collum (North American, b. 1942) in his series *New York Nude* and *Dallas Nude*. On the other hand, it is very close in approach to the collection *Heads*, by Alex Kayser (Swiss, b. 1949), who has given us a suite of completely bald heads of men and women, who communicate only by virtue of their cranial and facial physiognomies.

There is a kind of false modesty exercised by the documentary photographer that is clearly a benefit to the documentary photograph itself. Even if we choose to interpret this form of "modesty" as self-adulatory in its ultimate implication, it is certainly not so to the degree that the technician in high pictorialism is self-adulatory, wanting to be more than just perceived, but rather very evident on the level of personal style. In documentary, we often have the impression that the author is hiding well outside of the picture, while the author in pictorial works is flaunting and manifest.

Muerte ya no bailará jamás. Xurxo Lobato, de modo patentemente cómico, logra un efecto similar en su imagen de Superman en el parque de recreo.

De hecho, podemos interpretar gran parte de la obra de Cristina García Rodero de este modo: con sus referencias a lo concreto, pero con implicaciones de una historia tras la fotografía que sea moral, ética, étnica, religiosa. La chica soñadora en el primer término de *En las eras*, Escober, 1988, es como *El sueño de Jacob* de José Ribera, el cuadro en el Museo del Prado acerca del cual se ha dicho sugestivamente que puede que exista una conexión entre la frase del Siglo de Oro español, "la vida es sueño" (Calderón de la Barca, 1635) y "el sentimiento trágico de la vida" (Miguel de Unamuno, *Del sentimiento trágico de la vida en los hombres y los pueblos*, 1913). Si esta chica que nos presenta García Rodero, separada de los trilladores tanto en términos de la imagen como por el hecho de su sueño, está creando su propia vida deshaciendo otra por el hecho de su sueño, ¿no se trataría esto de la negación artística de la vida de la que se ha retirado la chica? Vibran latentes en las fotografías documentales de García Rodero amplias sugerencias filosóficas, y como acabamos de ver, tal cosa ocurre no sólo por razones de los ritos autóctonos que pintan sus imágenes documentales. De esto último son claros ejemplos: *Jugando a la pasión*, Riogordo, 1983; *La trinidad*, Lumbier, 1980; *Una promesa a la vida*, Amil, 1975; y *Cabezas de cera*, Gende, 1977. Tal vez sea el momento extático, hablando literalmente, de la imagen *En las eras*, y no menos así en *La maya*, lo que convierta las fotografías en desvíos alegóricos de los hechos concretos, en lugar de realizaciones fotográficas de unas alegorías rituales.

Los salones espectrales, medio poblados, despoblados, de los balnearios de antaño que pinta Marta Povo, constituyen todo un juego de imágenes que nos cuentan algo agridulce, además de facilitarnos imágenes de los objetos concretos que se pintan en estas fotografías. De modo semejante, los temas humanos de Humberto Rivas son, a primera vista, estáticos "hombres vacíos". Esto mismo constituye la virtud de *Loredana*, 1989, y *Aleidys*, 1990, y de *Ester* y *Eva*, ambas de 1990. Al comparar las dos parejas nos damos cuenta de que, o todo cuerpo o carentes de cuerpo (por la razón de que la ropa desaparece de vista), estas figuras "aquietadas" han experimentado una despersonalización a propósito, lo cual las universaliza. Joel-Peter Witkin (norteamericano, n. 1939) ha utilizado en muchas ocasiones máscaras y vendas, de forma que el carácter individual de los personajes no causara ninguna disminución de su sentido imagístico más amplio y frecuentemente moral. Rivas parece querer tentarnos a que quedemos convencidos del aserto documental que se fundamenta en la creencia de que la imagen directa resulte más "elocuente" cuanto más callada y físicamente aquietada. Esto es lo contrario de la aproximación expresionista utilizada por Charles Collum (n. 1942) en sus colecciones *New York Nude* y *Dallas Nude*. Por otra parte, está muy cerca de la que utiliza Alex Kayser (suizo, n. 1949), quien, en su colección llamada *Heads*, nos muestra un juego de cabezas tanto de mujeres como de hombres, completamente calvas, y que comunican con el espectador sólo por razón de sus fisionomías craneanas y faciales.

Hay una especie de falsa modestia que ejerce el fotógrafo documentalista, y que beneficia de manera clara a la misma fotografía documental. Aun si optamos por interpretar ese tipo de modestia como un alarde por parte del fotógrafo de sí mismo a fin de cuentas, no lo es, por cierto, tanto como lo pueda ser la técnica en el alto estilo pictorialista, en el cual el artesano desea ser muy evidente en el nivel del estilo personal, en lugar de entrevisto, únicamente. En el documentalismo, tenemos la impresión muchas veces de que el autor se esconde fuera de la imagen, pero el autor de las obras pictorialistas no se esconde sino que está manifiesto, arrogante.

Hartmann, ese contemporáneo de Oscar Wilde (irlandés, 1854–1900), se daría cuenta, como también se dió cuenta el propio Wilde, que todo arte es una mentira, estrictamente hablando. Esta, sin embargo, es una postura muy difícil para el que ejerce la fotografía documentalista, puesto que ésta propone decirnos ver-

Hartmann, a contemporary of Oscar Wilde (Irish, 1854–1900), must have realized, as Wilde tells us he certainly did, that strictly speaking all art is a lie. However, this is a very difficult position for the practitioner of documentary photography, which purports to tell the truth, if not to reveal a Truth; who pretends, furthermore, that the image can "speak." The theoretician Susan Sontag has warned that such expectations are impossible, that photographs are instead only "relative truths." Her caveats contradict some experts on documentary photography (for example, William Stott and, in a more qualified sense, Estelle Jussim), who argue in favor of the relative eloquence of photographs. Some, like Stott, find them, inevitably, "never neutral"; and Jussim thinks that to move people to act is an aspect of current propaganda, although another expert on documentary, Anne W. Tucker, disagrees. Tucker believes that documentary photography may *search* for a "haunting eloquence" without attempting to move to action. Tucker's view seems most accurate: the *striving to be eloquent*, without the pretense of speaking out, especially propagandistically, is an accurate assessment of the documentary mode; for Tucker's interpretation does not imply that the photographer is truly absent, and that it is instead the image that "speaks." It is indeed the case that documentary photographic content acquires a greater illusion of presence than does the photographer, who customarily has not made an issue of the photographic medium itself, that is, of the photographic technique or artistry itself.

The presumed uniqueness, the unrepeatability of many documentary photographs, seems to be a source of self-pride in documentary works, but it is implicit rather than explicit. It was a supposition that André Kertész (Hungarian, 1894–1985) and, of course, Henri Cartier-Bresson (French, b. 1908) knew how to exploit to the fullest. Much documentary photography intends to discover the extraordinary in an otherwise ordinary world. In the present exhibition, Lobato and Manuel Sendón are devotees of this aesthetic, which is fundamental, incidentally, to documentary of the photojournalistic sort. In setting itself up as inimitable by any other photographer at any other time in any other place, it leaves the viewer with no recourse beyond the frame. In this last sense, some modern documentary might defeat its aims at promoting social consciousness, of implying an important conceptuality, a more universal context beyond the singularity of the subject photographed.

Documentary, at least at the moment it is made, usually has an easy referent in the outside world. But we can lose a sense of that referent in several ways and for several reasons. One reason is found in Hartmann's speculation that in proportion as the medium of documentary tends toward the pictorialist style, it tends away from documentary because it grows "bizarre," "mysterious," obscure, and indistinct; or the photographer may choose to inject such irony into the photograph that he or she prompts a game that removes the referent a step away from immediate recognition. This is why several of Sendón's photographs strike us as surrealistic; they reconstitute reality on their own terms, so that, for example, cigarette packs *are* a fence to an autumnal landscape, boys *do* play soccer on the outskirts of the United States, the salmon *is* in its native habitat, although it is filleted. The real significance of individual items in the image has been lost. The privatized vantage point of some documentary, such as that of the advertising genre, demonstrates this characteristic. The wonderful photographs of Josep Masana (1894–1979) in this respect are incomparable in Spanish period-piece photography (see fig. 2).

Historical distancing of the viewer from the referent might easily alter a photograph's meaning. The "occasional" quality, which is the very motive for much documentary, allows for virtually no historical distancing at the moment of composition. But after a time, the occasion itself, once the very motive behind the artistic act, can become almost otherworldly, let alone barely recognizable. This is the case with some of the Crystal Palace photographs of Philip Henry Delamotte (British, 1821–1889), some of the Paris Opéra photographs of Durandelle (French, 1839–1917), or photographs in general of calculated destruction in process and of consequent rebuilding. Rubble visible through the window frames of edifices being demolished on Madrid's Calle de Alcalá in the late 1850s and similar views made in San Sebastián by Hermenegildo Otero (1843?–

dades, si no revelar la Verdad; el documentalista pretende con frecuencia que la imagen es capaz de "hablar". Susan Sontag nos ha llamado la atención sobre la imposibilidad de tales expectativas; sobre el hecho de que una fotografía no es más que una "verdad relativa". Sus advertencias contradicen a algunos expertos en fotografía documental (por ejemplo, William Stott y Estelle Jussim—ésta en un sentido más reservado), quienes abogan en favor de la relativa elocuencia de la fotografía. Algunos, como Stott, encuentran que inevitablemente las fotografías "nunca son neutras". Y Jussim cree que un aspecto de la propaganda actual es el de mover a la gente a que actúe, aunque Anne W. Tucker, otra experta en documentalismo, cree que no. Tucker opina que la fotografía documentalista puede *buscar* una "elocuencia que nos persiga" sin intentar mover a la gente a que actúe. El punto de vista expresado por Tucker parece el más acertado: *procurar ser elocuente*, sin pretender predicar, sobre todo de modo propagandista. Se trata de una apreciación correcta de la modalidad fotográfica documentalista ya que esta interpretación no implica la ausencia de hecho del fotógrafo, ni que la imagen "hable" en lugar suyo. Efectivamente, el contenido fotográfico documental adquiere mayor ilusión de presencia de la que pueda tener el fotógrafo, quien en la mayoría de los casos no le ha prestado un relieve destacado al medio fotográfico mismo; es decir, a la técnica fotográfica o al proceso artístico en sí.

La supuesta singularidad, la cualidad no repetible de muchas fotografías documentales, parece ser la fuente del orgullo de sí mismas en muchos casos, pero esa fuente del orgullo es inferida únicamente; no es explícita. André Kertész (húngaro, 1894—1985) y, por supuesto, Henri Cartier-Bresson (francés, n. 1908) sabían explotar al máximo dicha suposición. Gran parte de la fotografía documental trata de descubrir lo extraordinario dentro de un mundo por otra parte ordinario. En la presente exposición, Xurxo Lobato y Manuel Sendón emplean dicha estética, que es fundamental para el documentalismo de tipo fotoperiodístico. Al establecerse como inimitables por cualquier fotógrafo en otro tiempo y en otro lugar, tales imágenes dejan al que las mira como si no tuviera recurso alguno fuera de los límites del marco. En este último sentido, hay algún que otro documentalismo de tipo moderno que posiblemente se frustre en sus propios propósitos de agitar la conciencia social; en otras palabras, de aportar una conceptualidad importante o un contexto más universal más allá de la singularidad del tema fotografiado.

La fotografía documental suele tener un referente de fácil reconocimiento en el mundo real, por lo menos en el momento en el que aquélla se realiza. Pero podemos perder el sentido de ese referente de varios modos y por varias razones. Una de éstas se encuentra en la afirmación hecha por Hartmann, al efecto de que el medio de difusión del documentalismo tiende a ser proporcionalmente menos documentalista al inclinarse hacia el estilo pictorialista, porque se hace así "misterioso", "extraño", oscuro e indistinto. Otra sería la de que el fotógrafo opte por una inyección de tanta ironía en su fotografía que inicie así un juego tal que el referente resulte separado un paso más del reconocimiento inmediato por el espectador. Es por esta razón por lo que varias fotografías de Sendón nos chocan como surrealistas ya que reconstituyen la realidad en sus propios términos, de modo que unos paquetes de cigarrillos, por ejemplo, *son* una verja delante de un paisaje otoñal, unos chicos *juegan* al fútbol en los suburbios de USA, un salmón *está* en su ambiente natural (aunque sea sólo un filete). De este modo hemos perdido un sentido de lo que significan en la realidad estos objetos individuales que aparecen en las imágenes. Demuestra semejante característica el punto de vista singular de algún documentalismo, por ejemplo el que representa la propaganda de productos. Las maravillosas fotografías de Josep Masana (1894—1979) a dicho respecto son incomparables en la fotografía española de época (fig. 2).

Es muy fácil que el sentido de una fotografía resulte cambiado debido al distanciamiento histórico entre el espectador y el referente. La cualidad "ocasional", el motivo mismo tras mucho documentalismo, no admite en efecto ningún distanciamiento histórico en el momento de la composición. Pero más tarde, la ocasión misma, que una vez fue la fuerza móvil tras el hecho artístico, puede resultar casi extraterrestre,

Fig. 2   Josep Masana (Spanish, 1894–1979)
Cocaina, c. 1927
Silver gelatin print (Copia al gelatino bromuro de plata)
Collection of the Masana Family (Colección Familia Masana), Barcelona

Fig. 3   Hermenegildo Otero (Spanish, 1843?–1905)
Untitled (The new corner of Garibay Street), San Sebastián (*Sin Título* [Esquina de la nueva calle Garibay], San Sebastián), c. 1865
Albumen print from wet collodion negative (Colodión húmedo a la albumina)
Collection of Iñaki Aguirre Franco (Colección Iñaki Aguirre Franco), San Sebastián

difícilmente reconocible. Este es el caso de algunas de las fotografías del Palacio de Cristal realizadas por Philip Henry Delamotte (británico, 1821–1889), de algunas de las fotografías de la Opéra de París realizadas por Durandelle (francés, 1839–1917), o de las fotografías en general que tratan de la destrucción en proceso y de las consecuentes reedificaciones, los desechos que podemos ver a través de las ventanas y las jambas de los edificios derribados en la Calle de Alcalá madrileña (anón., 1857 ca.), y vistas semejantes realizadas en San Sebastián por Hermenegildo Otero (1843?–1905) a mediados de los 1860 y que pintan grandes hoyos y terrenos excavados al lado de la Concha, que nos resultan escasamente reconocibles (fig. 3). Sin embargo, significan en retrospectiva el golpe final a la urbanización y fortificación renacentista y, a manera de contraste, el florecimiento de la ciudad moderna.

Seguramente, ciertas fotografías de los terrenos olímpicos realizadas por Manolo Laguillo se mirarían de manera muy semejante. Tales imágenes marcan un acontecimiento particular, pero cuando el referente ("la ocasión") se haya desvanecido fuera de perceptibilidad, en el transcurso natural del tiempo, lo que se nos quedará probablemente serán vistas que caen fuera del alcance de nuestro reconocimiento inmediato. No se trata de que la imagen se muera, sino de que mengüe su cualidad de documento—por falta de inmediatez histórica u "ocasional"—pero ganará una dimensión nueva. Como afirma Estelle Jussim, la cualidad de inmediatez, la posibilidad de conocimiento histórico, presta una potencialidad propagandística a la imagen. Con el transcurso del tiempo, el estilo históricamente circunscrito de los punkies de Carlos de Andrés puede convertir a éstos en temas de imágenes de bellas formas o en nostálgicos registros de estilo. No obstante, esto no hace que las fotografías se invaliden; sus propósitos documentales se alteran más bien, del mismo modo que cambiaron las fotografías estilizadas de las personalidades españolas que en un tiempo fotografió "Jalón Angel" (Angel Hilario García de Jalón Hueto [1898–1976]), cuyos Celia Gámez o Gonzalo Queipo de Llano no caben dentro de las posibilidades de ser nuestros vecinos hoy—por lo menos, no en el estilo en el que aparecen representados, ni personal ni técnicamente (fig. 4).

De modo semejante, podemos contemplar hoy fotografías de las construcciones masivas del canal de Panamá o del puente de Brooklyn y nos entra esa sensación que sospechamos experimenten algún día nuestros hijos, al contemplar ellos los terrenos de la feria de Sevilla fotografiados por Sosa Suárez, o el sitio olímpico fotografiado por Laguillo. Entre los fotógrafos presentes, Povo es la que ha combinado el referente histórico actual con un formalismo que *ya* nos es una fuente de nostalgia. Povo cultiva las formas fin de siglo, pobladas a veces de seres de nuestros tiempos actuales, pero que parecen pertenecer al pasado representado por su medio ambiente, un pasado que se remonta al apogeo de los balnearios. El resultado es tal que estas vistas constituyen el mejor indicio posible de que Povo ha ganado una batalla artística en contra de las imposiciones implícitas en el aspecto "ocasional" de gran parte del arte documental.

Existen ejemplos dentro del campo de la fotografía española de cómo la forma puede vencer en el nivel artístico las implicaciones del documentalismo; se encuentran entre ciertas obras fotoperiodísticas de "Alfonso" Sánchez Portela (1902–1990) y de su hermano Luis Sánchez Portela (n. 1909), autores respectivos de *Suicidio en la Telefónica*, 1929, y *El ingenio aéreo del conde Zeppelin vuela sobre la Gran Vía*, 1930, por citar sólo dos. Aún la fotografía de los cadáveres en *El patio del Cuartel de la Montaña*, realizada el 20 de julio de 1936 por "Alfonso", lleva el sello de formalismo extraterrestre, a pesar de la inmediatez terrorífica que tuviera para tantas familias a principios de la Guerra Civil. Estoy seguro de que *Accidente en la playa de Coney Island*, 1952, de Margaret Bourke-White—aquella imagen tan absorbente en el nivel visual, tan macabra—produce un efecto muy similar que desdice el terror de la ocasión que pinta. Aunque la imagen carece totalmente de ese terror, la fotografía de Alcalá Ezquerro, *Aizkolariz—Dos generaciones*, 1988, tomada desde arriba, logra un efecto *formal* semejante al de *Accidente*....

Los ejemplos antedichos sugieren que a medida que se nos pierde de vista el sentido original del referente, o su reconocibilidad, la imagen tiende a poseer una cualidad imaginativa que es posiblemente contra-

Fig. 4   Jalón Angel (Spanish, 1898–1976)
Portrait of Gonzalo Queipo de Llano (Spanish, 1875–1951) (*Retrato de Gonzalo Queipo de Llano*
[español, 1875–1951]), 1937
Print from celluloid negative (Positivado de negativo de celuloide)
Collection of the Diputación de Zaragoza (Colección Diputación de Zaragoza), Zaragoza

1905) in the mid-1860s depicting pits in the ground or excavated land near the famed Concha beach are not readily recognizable, yet they signify in retrospect the final blow to Renaissance urbanization and fortification and, by contrast, the flowering of the modern city (see fig. 3).

Surely, people will someday view certain photographs in Manolo Laguillo's Olympics series in a very similar way. These images mark a particular event, but when in the natural course of time the referent (the "occasion") fades from sight, we will likely be left with scenes beyond our immediate ken. It is not that the image will die, rather that its documentary quality will diminish — for lack of historical or "occasional" immediacy — but it will gain a new dimension. As Estelle Jussim has expressed, the quality of immediacy, of historical recognizability, lends propagandistic potential to the image. With the passing of time, Carlos de Andrés's punks may become just images of lovely forms or nostalgic registrations of style. But the photographs are not invalidated for that; their documentary purpose is altered, the way it was in the stylized photographs of the Spanish personalities once photographed by "Jalón Angel" (Angel Hilario García de Jalón Hueto [1898–1976]), for example, whose Celia Gámez or Gonzalo Queipo de Llano cannot possibly be our neighbors today — at least, not personally or technically in the style in which they are represented (see fig. 4).

dictoria a la intención mimética original. Así que el sentido de una fotografía documental puede cambiar fundamentalmente en el transcurso del tiempo, y esto hace que el factor de intencionalidad que yace tras la fotografía no sea del todo estable ni fácilmente determinable en toda ocasión. La fuerza del documentalismo recae por las razones antedichas en la capacidad referencial inmediata de la imagen; después, en retrospectiva, en su fuerza mnemónica. (Razona Sontag que el documentalismo en fotografía no posee la potencialidad mnemónica que pretende, pues tiende a *sustituirse* por lo que hemos de recordar, negando de este modo y en cierto grado lo real. Hemos observado que Sendón, por ejemplo, crea esta situación a propósito.) Puede que sea más útil abordar el mismo tema de forma más positiva: el hecho de que una imagen documental tenga capacidad de alterar la base de su propio valor a través del tiempo no significa que su valor se vea reducido por la fuerte cualidad referencial, "ocasional" o histórica de esa fotografía; al contrario, *adquiere distintos valores.*

Con respecto a la referencialidad histórica del documentalismo, surge con frecuencia otro tema. Creen algunos que los tiempos de tirantez política y de situaciones sociales difíciles crean un ambiente no propicio para el documentalismo, y fomentan en lugar de éste, imágenes relativamente imaginativas, bastante divorciadas de las realidades sociales, como si los vuelos de la imaginación fuesen un escape de las realidades que quisiéramos no existieran. Semejante argumento podría ser una manera de explicar por qué el pictorialismo, presunto antítesis del documentalismo, perduró en España más allá del límite de tiempo que duró en otros tantos rincones del mundo. (La obra de Josef Sudek [checoslovaco, 1896–1976] también puede que ilustre este fenómeno.) Sin embargo, ésta es una teoría difícilmente sostenible, por la razón de que los tiempos de tirantez política han redundado a veces en algunas de las obras más brillantes del mundo—obras que no hicieron la vista gorda ante las realidades que constituían su contexto social. De ello tenemos ejemplos en España, Francisco de Quevedo (1580–1645), en Gran Bretaña, Jonathan Swift (1667–1745), en Francia, Honoré Daumier (1808–1876), y en los magníficos artistas de la revolución rusa y la Guerra Civil española— en todos los cuales encontramos indicios de sobra de que la materia de la realidad crítica puede alimentar a la fantasía imaginativa. Posiblemente, los casos más brillantes en la fotografía española moderna han sido los de Nicolás de Lekuona (1913–1937), cuya carrera artística (no sólo su carrera fotográfica) fue malograda en fecha muy temprana durante la Guerra Civil, y Josep Renau Berenguer (1907–1982), pues ambos experimentaron atrevidamente con el medio fotográfico—supongo que con intención de expresar en parte la locura de la realidad tal como la veían ellos: profetizando a veces la sangre que estaba a punto de verterse en tierra española (el caso de Lekuona), otras veces en las manos culpables y sangrientas del capitalista norteamericano como opuesto al humilde obrero (el caso de Renau Berenguer). Su fotografía, que difícilmente podríamos llamar documental en el sentido más corriente, registraba su conciencia de las realidades inmediatas, con la peculiaridad de que las registró dentro del estilo expresionista. Es la cualidad subjetivista de sus imágenes (muchas veces montajes) lo que coloca a estos dos brillantes artistas, Lekuona y Renau Berenguer, más allá de las fronteras de la fotografía documental convencional, a pesar de su interés en la realidad circundante.

Las circunstancias sociales difíciles de soportar no han significado una falta de documentación para el caso de España. Si así fuera, entonces no tendríamos fotografías documentales del período isabelino (1843–68). Tampoco tendríamos imágenes de la destrucción ocurrida durante el sitio de Bilbao durante la tercera Guerra Carlista, ni algunas de las fotografías de Agustí Centelles i Osso (1905–1985). Me parece más acertado decir que el documentalismo se hace más depurado cuando las circunstancias sociales se vuelve difíciles ya que suele adoptar un objetivo más específico, es decir, se vuelve más propagandista. Parece ser así hasta en la fotografía de Renau Berenguer (fig. 5), por ejemplo, que no cae dentro de la línea de la fotografía directa. Como afirma Stott, no hay fotografía "neutra". Sin embargo, para nuestro mayor beneficio histórico-crítico, me parece más adecuado poner en reserva ese punto de vista para el caso de la fotografía que de

Similarly, we can look at photographs today of the ponderous construction of the Panama Canal or of the Brooklyn Bridge and get the feeling our offspring may get when someday they view Sosa Suárez's fairgrounds in Seville or Laguillo's Olympics site. The photographer in the present group who has combined current historical referents with a formalism that is already a source of nostalgia is Povo. Her views of *fin-de-siècle* forms from the heyday of the spas, sometimes inhabited by beings from our own time yet who appear to belong to the past represented by their surroundings, seem to be an artistic victory over the impositions that are couched in the "occasional" aspect of much documentary art.

There are examples in Spanish photography of how form defeats artistically the historical implications of documentary to be found in certain photojournalistic works by "Alfonso" Sánchez Portela (1902–1990): *Suicide in the Telephone Exchange*, 1929, and his brother Luis Sánchez Portela (b. 1909): *Aerial Genius Count Zeppelin Flies Over the Gran Vía*, 1930. Even Alfonso's photograph of dead bodies strewn over the barracks grounds on Mount Príncipe Pío in Madrid bears the stamp of formal otherworldliness, despite its gruesome pertinence in the course of Spanish Civil War events. North American Margaret Bourke-White's visually engrossing, macabre *Accident at Coney Island Beach*, 1952, produces a very similar effect in spite of the horror of the occasion that it depicts. Although the horror is surely not there, Alcalá Ezquerro has achieved a similar *formal* effect in his photograph *Lumberjack Events — Two Generations*, 1988, taken from above.

The aforementioned examples suggest that as we lose sight of the original significance of the referent, or of its recognizability, the image tends to acquire an imaginative quality that can contradict the original mimetic intention. Thus, the meaning of a documentary photograph may change fundamentally with the passing of time, making the intentionality factor behind the photograph neither completely stable nor always easily determinable. The force of documentary often rests, for the aforementioned reasons, on the immediate referential capacity of the image; and then, with retrospect, on its mnemonic force. (Sontag argues that documentary does not have the mnemonic potential that it pretends to have, for it tends to *substitute* itself for what we are supposed to recall, thus to a degree negating the real. We have seen that Sendón, for example, purposely creates such a situation.) It may be more useful to think more positively along these lines: because a documentary image has the capacity to shift the basis of its value over time, the strong referential, "occasional," or historical quality of these photographs does not diminish their worth; on the contrary, they *acquire different values*.

There is another topic that often arises in regard to the historical referentiality of documentary. Some theoreticians believe that trying political times and difficult social situations discourage documentary and promote in its stead comparably imaginative images quite divorced from social realities, as if flights of the imagination were an escape from undesirable realities. Such an argument might be one way to explain why pictorialism, the presumed antithesis of documentary, endured in Spain beyond the length of time that it did in so many other corners of the world. (The work of Josef Sudek [Czechoslovakian, 1896–1976] may be another case in point here.) But this theory is difficult to sustain, for trying political times have given rise to some of the world's most brilliant art — art that did not turn a deaf ear to the realities that were its social context: Francisco de Quevedo (1580–1645) in Spain, Jonathan Swift (1667–1745) in Britain, Honoré Daumier (1808–1876) in France, the superb poster artists of the Russian Revolution and the Spanish Civil War — in all of whom we can find ample testimony that the stuff of critical reality can feed imaginative fantasy. Probably the most brilliant such cases in modern Spanish photography have been those of Nicolás de Lekuona (1913–1937), whose artistic (not only photographic) career was truncated all too early, in the course of the Civil War, and Josep Renau Berenguer (1907–1982), both of whom experimented boldly with the photographic medium — possibly to express in some part the insanity of reality as they viewed it, sometimes prophesying bloodshed in Spain, as in the case of de Lekuona's work, sometimes focusing on the bloody,

hecho represente aquellas situaciones sociales difíciles. Pues también encontraremos como representativas de la modalidad fotográfica contraria—pero que obra dentro de las mismas circunstancias sociales—fotografías que parezcan relativamente imaginativas respecto a contenido, y muy labradas, pictorialistas, y hasta artificiosas en cuanto a su estilo.

Si una misión social fuese el propósito primero o exclusivo de la fotografía documental, entonces su posible potencialidad de sustituirse por lo real en virtud de ser espejo de lo real (Sontag) y, especialmente, la probabilidad de que su valor fundamental se cambie en el transcurso del tiempo, disminuirían ambas el poder de la fotografía de llevar a cabo esa misión de manera máximamente eficaz. Pero no estamos viviendo los tiempos de Victor Hugo—los finales de la década 1820 y la de 1830—cuando el arte tenía que cumplir una misión social para merecer la pena. Hoy pocos creemos que el ingrediente básico de la alta estética consista en un contenido propagandístico a nivel social. Por otra parte, el fotógrafo documentalista no suele justificar su obra aduciendo que una bella fotografía tenga que ser necesariamente una fotografía de algo bello. En este sentido el documentalismo moderno representa por cierto un adelanto en comparación con el de los primerísimos fotógrafos, que realizaban imágenes la mayoría de las veces de una realidad bella en sí. Estos fotógrafos hacían imágenes documentales de lo no bello solamente bajo las circunstancias más casuales de la fotografía de aficionado: la destrucción de los centros urbanos, por ejemplo, o casos de la deformidad física (excepto en la fotografía puramente científica, como por ejemplo la fotografía médica que no era casual). Por un lado no suponemos que las imágenes—todo el arte, en efecto—que carezcan de alguna aportación social sean las que representan la estética más alta. Tampoco estamos viviendo una época del arte por el arte en el campo de la fotografía. El poder mesiánico del arte por el arte es una proposición no convincente; tampoco buscamos un Mesías autorial tras el arte que hace alarde de su misión social. Este tipo de exclusividad estilística no define nuestros tiempos.

Al descartar la necesidad absoluta del contenido bello, el fotógrafo documentalista supone que su obra es de algún modo más verídica, más genuina, más directamente compasiva o más sincera que la que cultiva el artista que se dedique al contenido relativamente imaginativo. Gran parte de la fotografía documental se postula como la modalidad fotográfica más verídica, más verdadera a veces que la vida misma. Lo que hace posible esta postura es la relativa falta de intrusión por parte de los medios habituales de la expresión documental; de manera consiguiente, tal postura es posibilitada por la relativa invisibilidad de la figura del autor tras la fotografía. Estos factores combinados constituyen la autoría implícita de la fotografía documental misma.

Es curioso que también las antítesis del documentalismo se hayan proclamado como las formas más verídicas de la expresión. Cuando ocurre esto la convicción fundamental suele ser la de que la belleza formal, en contraste con el contenido, nos aporta la verdad más alta. Esto define la postura de Nicolas Boileau (francés, 1636–1711) a finales del siglo XVII, y la de John Keats (británico, 1795–1821) poco más de un siglo después; en el XIX, durante un período de renovado interés en el neoclasicismo, los parnasianistas y los primeros poetas modernistas hispánicos adoptaron el mismo punto de vista. Aunque sería raro que el fotógrafo documentalista apoyara su argumento en tal premisa estética, es probable que nunca la abandone del todo, pues eso sería imposible en efecto. No obstante, el artista documental jamás podría adherirse estrictamente a las palabras de Boileau y Keats: "Rien n'est vrai que le beau"; "Beauty is truth, truth beauty...". La postura fundamentalmente neoclásica de Boileau y Keats, la cual reconoce como válidos los modelos, fomenta la imitación en moderada en contraste con lo poco trillado y existe dentro de un contexto de maestros y obras maestras, que está muy lejos del requisito de la inmediatez, de la contemporaneidad, y del tema básicamente común y corriente, hasta vulgar a veces, que es una característica de gran parte del documentalismo. El siglo de los neoclásicos no fue, por cierto, como el nuestro en este respecto.

Fig. 5   Josep Renau Berenguer (Spanish, 1907–1982)
Miss América and the Birds, from the series *American Way of Life (Fata Morgana USA)* (*Miss América and the Birds*, de la serie
American Way of Life [Fata Morgana USA]), 1956
Silver gelatin print, hand-applied color (Copia al gelatino bromuro de plata, color aplicado a mano)
Collection of the Instituto Valenciano de Arte Moderno (Colección Instituto
Valenciano de Arte Moderno), Valencia
©IVAM-Fundación Josep Renau

culpable hands of the North American capitalist as opposed to the humble laborer, as in the images of Renau Berenguer. Their photography, which could hardly be called documentary in the most accepted sense, took stock of immediate realities, but recorded them expressionistically. It is the private nature, the subjectivism of their images (often montages), in spite of the interest in immediate reality, that places these two brilliant artists beyond the boundaries of conventional documentary photography.

Trying social circumstances in Spain have not obviated documentation. If that were so, then we would have no documentary photography from the Spanish Isabelline period (1843–68). We would have no images of destruction at the siege of Bilbao, during the third Carlist War. We would have no photographs by Agustí Centelles i Osso (1905–1985). It seems more correct to say that documentary becomes rarefied in trying social times: it tends to acquire more of a specific aim, that is, it becomes increasingly propagandistic. This is true even of photography such as Renau Berenguer's that is not in the direct, "straight" style (see fig. 5). As Stott claims, no photograph is "neutral." But we might, to our best historico-critical advantage, reserve that

Las aseveraciones de Boileau y Keats recalcan de modo significativo el *cómo* que late tras el arte, mientras que las del fotógrafo documentalista recalcan con frecuencia el *qué* del arte. Los primeros opinan que la verdad descansa principalmente en la concepción del arte y, por lo tanto, en su proceso, en sus medios; éste opina que la verdad descansa principalmente en el tema real a representar y, por consiguiente, en la representación resultante de ese tema, es decir, en la imagen fotográfica realizada. Semejante distinción se puede relacionar con el hecho de que el documentalismo tiene que ver muchas veces con la cuantificación y la clasificación de la realidad de la que es "espejo". Se nos ocurre el nombre de August Sander (alemán, 1876–1964), debido a todos sus esfuerzos por registrar y clasificar los tipos humanos de su sociedad. A pesar de los cuestionables principios científicos y filosóficos en los que se apoya tal proposición, Sander nos dejó un tesoro de retratos que como conjunto significan la intención documentalista. ¿Fue ésta la intención de Juan Laurent Minier (francés, 1816–1892?) con respecto a la España que fotografiaba, tanto dentro de sus edificios como fuera de ellos; Eugène Atget (francés, 1856–1927) para la zona de París? Humberto Rivas, que nos hace pensar en Sander, negó recientemente—en una entrevista que le hizo Manolo Laguillo para *PhotoVisión* 2l—que él mismo estableciera categorías o que etiquetara sus temas. Por otra parte, dudo que Rivas quisiera figurar dentro de aquella premisa que sugiere Sontag, la de que el fotógrafo quisiera registrarlo *todo*, quizás para evitar la ordenación de la realidad: registrarlo todo y de manera tan particularizada, que no hubiera necesidad de sentar categorías.

Algo hay de puro lockeano en semejante procedimiento. Ese aspecto lockeano del documentalismo fue sugerido en otra ocasión—también por Laguillo en *PhotoVisión* l0—en un comentario sobre la obra de Carlos Cánovas, donde afirmó Laguillo que "quien dice nombrar puede decir fotografiar". Pero resulta que el sentido final de esto es una paradoja de Locke: si nombramos perderemos, no retendremos, lo que etiquetamos; si fotografiamos, de hecho no repetimos, sino que sugerimos un referente en el mundo real, pero creamos una realidad nueva. Si en alguna ocasión deseara el fotógrafo documentalista cuantificar, registrar y establecer categorías, no simplificaría de ese modo la realidad para así controlarla; más bien, la infinita división de la realidad en particulas sería como el peñasco de Sísifo. (Hace varias décadas Arthur O. Lovejoy percibió esta paradoja incómoda, y por ende el cuestionable legado de la Edad de la Razón como la carga del romántico.) Volviendo nuestra atención a Rivas, ¿vamos a imponerle orden a la experiencia, o vamos a proveerle un vehículo adecuado mediante el cual aquélla pueda ser, por tiempo indefinido, su propia expresión elocuente al nivel visual?

Al final de la ilustración neoclásica, entre la época de Boileau y la de Keats, un teórico de la estética, Esteban de Arteaga, nos dió la explicación de las características estéticas que más directa y agudamente se canalizan hacia nuestras preocupaciones en el presente ensayo. Lo maravillosamente moderno de su explicación recaía en que Arteaga fue uno de los primeros en insistir en la sutileza de los medios en las formas representacionales (ver *La belleza ideal*, 1789). Para Arteaga, el arte más logrado consistía en dar en aquel punto perfecto donde el espectador no se olvidara de que lo que tenía a mano era una representación; no obstante, el medio con el cual se enfrentara el espectador a fin de reconocer el referente sería palpable sólo en el grado en que su presencia *apuntara* hacia la dificultad artística del acto representacional. El medio artístico no debe ser nunca excesivamente evidente, como sí lo encontró el ya citado Hartmann, por ejemplo, al principio de este siglo en las antítesis a la fotografía directa. Creía Arteaga naturalmente en "el mérito de la dificultad" de la representación; y en que una mayor dificultad de medio de expresión—es decir, cuanto más oposición le ofrecía el medio a la realización de la representación por parte del artista—significaba mayor triunfo artístico, con tal de que el medio fuese sutilmente perceptible sólo, pero perceptible por cierto.

Esta filosofía estética prenapoleónica, tan antigua como las revoluciones norteamericana y francesa, pero sólo cincuenta años más antigua que los comienzos de la fotografía moderna, es un refinamiento de la

viewpoint for the photography in difficult social situations that does in fact address those situations. For we will also find, as representative of the opposite photographic mode, but functioning in the same social circumstance, photographs that are comparably fanciful in content and highly wrought, pictorialist, even "artsy" in style.

If the sole or primary purpose of documentary photography were its social mission, then its conceivable potential to substitute for the real by virtue of its mirroring the real (Sontag), and, especially, the likelihood that its fundamental value will be altered over time would diminish its power to carry out that mission in a maximally effective way. But we are not back in the days of Victor Hugo, in the late 1820s and 1830s when to be worth its salt art was supposed to have a social mission. Few today believe that the primary ingredient of a high aesthetic is socially propagandistic content. Nevertheless, the documentary photographer does tend to rest the case for his or her work on the belief that a beautiful photograph is not necessarily an image of something beautiful. In this sense, modern documentary certainly represents an advancement beyond the earliest photographers, who photographed with the aim of registering reality. These photographers, only in the most casual circumstances of amateur photography, made documentary images of the unattractive: the destruction of urban centers, for example, or cases of physical deformity (except in such purely scientific documentary as medical photography). Conversely, we do not presume either that images—or all art, for that matter—that are void of social import are those that ascribe to the highest aesthetic. We are not experiencing an era of art for art's sake in photography. The messianic power of art for art's sake is an unconvincing proposition; nor do we seek an authorial messiah behind art that makes apparent its social mission. Such stylistic exclusivity does not define the times.

In eschewing the necessity of lovely content, the documentary photographer presumes that his or her work is somehow more truthful, more genuine, more directly humane, or more sincere than that which is cultivated by the artist of comparably fanciful content. Much documentary photography postures as the truest photographic mode; it sometimes claims to be truer than life. This stance is facilitated by the relative unobtrusiveness of the customary media of documentary expression, and in turn, by the relative invisibility of the authorship behind the photograph. These factors in combination constitute the implicit authority of the documentary photograph.

Strangely enough, documentary's antitheses also have laid claim to being the truest forms of expression. When this has been the case, the underlying conviction has generally been that formal beauty, not content, yields the highest truth. This was the position of Nicolas Boileau (French, 1636–1711) at the turn of the seventeenth century, and it was that of John Keats (British, 1795–1821) around the turn of the eighteenth; in the nineteenth century, during revivals of Neoclassicism, Parnassianists and the early Hispanic *modernista* poets subscribed to the same viewpoint. It is rarely the case that the documentary photographer rests his or her case on that aesthetic premise; however, he or she may never abandon it entirely, for that would be impossible. Still, the documentary artist could never subscribe to the bywords of Boileau and Keats: "Rien n'est vrai que le beau"; "Beauty is truth, truth beauty...." The essentially Neoclassical stance of Boileau and Keats, which recognizes models, which promotes well tempered imitation rather than the unusual, which exists within a context of masters and masterworks, is a far cry from the requirement of immediacy, contemporaneity, and the fundamentally low-class, common, even vulgar, subject matter that characterizes much documentary. The century of the Neoclassicists was certainly not like ours in this respect.

The convictions of Boileau and Keats rest heavily on the *how* behind art, whereas the conviction of the documentary photographer often rests on the *what* of art. Respectively, the one finds that truth rests mainly in the conception of art and then in the process, in the means; the other finds that truth lies primarily in the real subject to be represented and in the resultant representation of that subject, the photographic image. This distinction is related to the fact that documentary often has to do with the quantification and the classification of the reality it mirrors. The name of August Sander (German, 1876–1964) comes to mind, for his

preocupación neoclásica con la forma por encima del contenido; además, nos brinda muchas de las consideraciones rudimentarias que se pueden aplicar a la fotografía directa ("straight") a principios del siglo XX. A este respecto, lo más sorprendente de las aseveraciones de Arteaga en 1789 se encuentra en el siguiente comentario: "...para hacer resaltar el mérito de la dificultad ((de la representación)) es necesario disimular y suprimir no pocas circunstancias de la verdad."

Convendría, quizás, distinguir entre dos conceptos que a primera vista parecen similares: el documentalismo como arte o el arte en el documentalismo, por un lado; y el arte del documentalismo o el arte documental, por otro. El primero descarta la noción de una comparación mimética sin perder de vista totalmente el referente; el segundo hace que dicho referente "se presente". Cuando se nos antoja como novísimo el tema de una imagen—lo que tenemos, por ejemplo, en el caso de un tema noticiero—o "insistentemente" presente (recojo el término de un catálogo de una exposición, "The Insistent Object", celebrada en la Fraenkel Gallery, San Francisco, 1987), entonces el autor y el medio se desvanecen de la perceptibilidad, suponiendo unas circunstancias ideales. "¡Pero nunca del todo!" habría querido agregar Arteaga. Estilísticamente hablando, Charles Clifford (inglés, 1821–1863) "estaba allí" en sus fotografías de España; algo nos hace *sentir* que las fotografías de un gran estilista son de él. Por otra parte, en las fotografías de Clifford un puente, la fachada de una catedral o una figura de friso, poseen para el espectador una inmediatez que hacen que el autor tienda a desaparecer de nuestra percepción. Esta ilusión de la ausencia de autor parece fundamental en la fotografía documental. (No debemos confundir autor con autoridad en estos casos.) La claridad y lo cabal, que son características de tanta fotografía documentalista, prestan una ilusión de la presencia del tema y, consecuentemente, suponemos una falta de intervención por parte del fotógrafo y de su medio. (Se puede afirmar lo contrario para las imágenes que son antitéticas a las documentales.) No obstante la ilusión por parte del espectador ante la imagen documental, la verdad representacional no es absoluta, y allí está el idealista en cierto grado. Lógicamente, tales premisas dificultan en el documentalismo las posturas de ironía, cinismo y crítica ideológica, aunque no es raro que se las encuentre allí.

Nos complace tropezar, en la historia de la estética, con hitos como el que representa Arteaga, nativo del país que nos concierne; un hito que nos permite dar el salto desde el neoclasicismo al romanticismo con relativa facilidad; un hito que significa la obsesión con la forma, que fue la herencia de Arteaga, a la vez que le coloca a él en el umbral del idealismo subjetivista que sería característico del pensamiento romántico. A pesar de que Arteaga anticipara a Daguerre por medio siglo, podemos y debemos aplicar aquella filosofía a la fotografía, pues sirve de trasfondo teórico para la hendidura entre la representación de los hechos y el no representacionalismo más bien imaginativo en el arte en general, durante los dos siglos que van desde Arteaga a nosotros.

¿Es la definición de la fotografía documental sólo una faceta más del antiquísimo debate aristotélico; otra faceta del impulso neorrealista; un reflejo de la vena científica del romanticismo, tardía pero muy desarrollada, que corría paralela a la vena idealista-subjetivista, sin que ninguna de las dos pudiera nunca vencer a la otra? Creo personalmente que eso no estaría muy lejos de la verdad. Dijo además Arteaga más o menos lo que yo he afirmado acerca del inclusivismo estilístico en la fotografía documental:

> ...no hay idealista que no deba tomar de la naturaleza los elementos para formar su modelo mental, como tampoco hay naturalista que no añada mucho de ideal a sus retratos, por semejantes que los juzgue y cercanos al natural. De suerte que *todo naturalista es idealista en la ejecución, como todo idealista debe necesariamente ser naturalista en la materia primitiva de su imitación* .... Llámense idealistas por excelencia los que lo son en las partes principales como la invención, la composición y el dibujo; y naturalistas, los que no añaden cosa alguna a la naturaleza en este género, aunque la añadan mucho en otras partes subalternas.

Se nos hace cada vez más evidente que los límites de la estética fotográfica estaban más manifiestos que latentes por lo menos siglo y medio antes de que naciera la actual generación de fotógrafos documentalistas.

efforts to register and classify the human types of his society. Despite the shaky scientific and philosophic grounds on which that proposition rests, Sander left us with a wealth of portraits that represent a documentary intention. Was Juan Laurent Minier (French, 1816–1892?) meaning to do the same for Spain, inside its buildings as well as outside?; Eugène Atget (French, 1856–1927) for the area of Paris? Humberto Rivas, who makes us think of Sander, recently denied to his interviewer, Manolo Laguillo (in *PhotoVisión* 21), that he might be labeling and categorizing. On the other hand, it is doubtful that Rivas wants to figure into the premise, suggested by Sontag, that the photographer wants to register *all*: so much, so particularized, that there will be no need for categorization.

There is something clearly Lockean in this procedure. That Lockean aspect of documentary was also suggested by Laguillo (in *PhotoVisión* 10), in a brief comment on the work of Carlos Cánovas, when Laguillo remarked that "to name is to photograph." But as it turns out, the ultimate meaning of this is a paradox of Locke: if we name we will lose, not retain, what we tag; if we photograph we do not repeat, in fact, we suggest a referent in the real world, but we create a new reality. If the documentary photographer ever means to quantify, register, and categorize, he or she will not simplify reality thus to control it; rather, the infinite particularization of reality will be Sisyphus's stone. (Arthur O. Lovejoy caught this uncomfortable paradox decades ago and cited this specious legacy from the Age of Reason as the early Romantic's burden.) So we are back to Rivas: are we going to try to order experience, or are we going to provide it with a viable vehicle by which it might be, indefinitely, its own visually eloquent expression?

Between the time of Boileau and Keats, at the end of the Neoclassic Enlightenment period, a Spanish aesthetician, Esteban de Arteaga, gave us the explanation of aesthetic characteristics that feeds most directly and incisively into our concerns here. What was brilliantly modern about his explanation in *La belleza ideal*, 1789, was that he was one of the first to insist on mediatory subtlety in representational forms. For him, the highest art consisted in finding that perfect point where the viewer did not forget that he or she was dealing with a representation, but where the medium with which the viewer contends in order to recognize the referent is palpable only insofar as its presence *hints* at the artistic difficulty of the representational act. The medium must never be excessively evident, as Hartmann, for example, found it to be in the turn-of-the-century antitheses to direct photography. Arteaga believed, of course, in the "merits of the difficulty of representation"; that the more difficult the medium of expression—the more opposition it posed to the realization of the representation—the greater the artistic triumph, as long as the medium was only subtly perceptible, but perceptible to be sure.

This pre-Napoleonic aesthetic philosophy, as old as the North American and French revolutions, but just fifty years older than the birth of modern photography, is a marvelous refinement of Neoclassic preoccupation with form-over-subject, and it provides many of the rudimentary considerations that apply in straight documentary. In this respect, the most shocking aspect of Arteaga's claims in 1789 was the following comment: "In order to cause the merits of the difficulty [of representation] to stand out in an obvious way, it is necessary to cover up and to suppress more than just a few circumstances of the truth."

Perhaps we should try, then, to distinguish between two similar-sounding concepts: documentary as art or the art in documentary, on the one hand; and the art of documentary or documentary art, on the other. The former eschews mimetic matching without totally losing sight of the referent; the latter makes that referent present. When the subject of an image strikes us as novel—as does a newsworthy item, for example—or "insistently" present (a term from *The Insistent Object*, 1987, a catalogue from the Fraenkel Gallery, San Francisco), under the most ideal circumstances the author and the medium would tend to vanish from perceptibility. "But never totally!," Arteaga would have warned. Charles Clifford (British, 1821–1863) was "there," stylistically, in his photographs of Spain; something makes us *sense* that the photographs of a great stylist are his or hers. On the other hand, in Clifford's photographs, the presence of a bridge, a cathedral

Si Arteaga acertó en sus aserciones, si sus ideas no resultan inaplicables por la razón de estar históricamente circunscritas, si nuestros actuales fotógrafos documentalistas son, en efecto, los "naturalistas" a quienes se refirió Arteaga, entonces serían además, y en parte considerable, "idealistas en la ejecución" de su obra.

En resumen, los fotógrafos documentalistas pueden seguir siendo artistas representacionales, mientras que sean imaginativos en cuanto a su aproximación a la obra y en cuanto a la aplicación de sus medios fotográficos. Pueden ser "idealistas", aún si se califican de "naturalistas" fundamentalmente; románticos, mientras que sean formalistas neoclásicos. Su obra puede ser "ocasional" (histórica), aunque la historicidad de su obra caiga fuera de moda en el curso normal de las cosas, y aunque su alcance sea mítico-antropológico desde el momento de su creación. Por supuesto, ahí está el propósito mismo tras fotografiar una España regional tan particular que se nos va; o tras fotografiar un horizonte urbano que mañana no sea el mismo; o tras captar la cara a la vuelta de la esquina que tenga aquella expresión en aquel lugar en aquella ocasión únicamente. Nuestros fotógrafos documentalistas pueden realizar sus obras con ironía o sin ella, tener objetivos críticos o no; ser activos o pasivos en su propia postura ante sus temas. Pueden ser los Lewis Hines o los Juan Laurent de nuestros tiempos.

A mi modo de ver, las posibilidades del documentalismo que he señalado están aquí presentes en algún grado u otro en muchas de las imágenes que se incluyen en la presente exposición. Precisamente, se trata de que la presencia de dichos factores *en distintos grados* presta una cualidad virtuosista a estas fotografías. Estas no son formulaicas, aunque pueden tener algunos denominadores comunes. Mi propia postura acredita al documentalismo como modalidad, mientras que desacredita cualquier pretensión a la "pureza" o al hecho de que aquél sea incontrovertible. Después de siglos de disputas filosóficas, nos encontramos con que la mayor riqueza probablemente se deriva de una combinación de proposiciones e intuiciones estéticas que se evidencian en el producto fotográfico. Creo al fin y al cabo que los mismos fotógrafos documentalistas desean que miremos su obra con semejante honestidad crítica y abierta receptividad.

---

façade, a figure from a frieze, all possess an immediacy for the viewer that makes the author tend to disappear from perceptibility. This illusion of authorial absence seems basic to documentary photography. (We must not confuse author with authority in these instances.) The clarity and starkness that characterize so much of documentary afford an illusion of the presence of the subject, and, consequently, the supposed nonintervention of the photographic medium and the photographer. (The opposite holds true for images antithetical to documentary.) But whatever the viewer's illusion when confronted with a documentary image, representational truth is, nonetheless, not absolute, and the idealist is always there in some degree. Logically, these premises make such authorial stances as irony, cynicism, and ideological criticism difficult in documentary, although they are not so uncommonly found there.

It is gratifying to find in the history of aesthetics stepping-stones such as Arteaga from the very country we are dealing with; a stepping-stone that allows us to make the leap from Neoclassicism to Romanticism with relative comfort; a stepping-stone that signifies the obsession with form, which was Arteaga's heritage, at the same time that it places Arteaga on the threshold of the subjective idealism that was to typify Romantic thought. Applying this philosophy to photography, despite the fact that Arteaga antedated Daguerre by half a century, sets the theoretical stage for the rift between factual representation and imaginative nonrepresentationalism in all the arts for the next two centuries.

Is the definition of documentary photography just another facet of the age-old Aristotelian debate, another facet of the neorealist impulse, a belated (although highly developed) representative of the more scientific vein of Romanticism, which ran parallel to the subjectivist-idealist vein with neither of the two ever able to do in the other? I think that would not be at all far from the truth. Arteaga went on to say more or less what I have asserted concerning stylistic inclusivism in documentary photography:

> . . . there is no idealist who does not take from nature the elements required to form his mental model, just as there is no naturalist who does not add much from his own ideal to his portraits, no matter how close to nature and how much of a likeness he judges them to be. So we can say that *every naturalist is an idealist in the execution of his work, just as every idealist must necessarily be a naturalist in the primary materials of his imitation* . . . . Let us call idealists par excellence those who are that in respect to the principal factors, such as invention, composition, and drawing; and naturalists, those who do not add a thing to nature of this sort, although they likely add much to nature at a lesser level.

It becomes increasingly clear that the limits of photographic aesthetics were more overt than latent at least a century and a half before the present generation of documentary photographers. If Arteaga was right in his claims; if his ideas are not historically circumscribed to the point of inapplicability; if our present documentary photographers are, in effect, the "naturalists" to whom Arteaga referred, then they must also be "idealists in the execution of their work," in some considerable portion.

In summary, documentary photographers can remain representationalists while they are imaginative in their approaches and in their application of photographic media. They can be "idealists," even as they are "naturalists" fundamentally; Romantics, while they are Neoclassical formalists. Their work can be "occasional" (historical), although the historicity of their work might quite naturally grow outdated or be, from the moment of its creation, anthropologically mythic in its scope. Of course, this is the very purpose behind photographing a vanishing and highly particular, regional Spain; or behind photographing a cityscape that tomorrow will no longer be; or the face around the corner that will have that expression, in that place, only once. Our documentary photographers can be ironic or not, have critical motives or not; be active or passive in their stance before their subjects. They can be the Lewis Hineses or the Juan Laurent Miniers of their day.

To my way of thinking, the possibilities for documentary that I have pointed out are present in some degree or another in many of the images included in the present exhibition. It is precisely the presence of

these factors in varying degree that lends a virtuoso quality to these photographs. They are unformulaic, although they may have some common denominators. My position credits documentary as a mode, while it discredits its "pureness" and incontrovertible quality. After centuries of philosophic dispute along these lines, the greatest richness will likely derive from a combination of aesthetic positions made evident in the photographic product. I believe, when all is said and done, that even the documentary photographers want us to view their work with this openness and critical honesty.

THE PULSE OF HISTORY AND THE REFLECTION OF EVERYDAY THINGS

By Marie-Loup Sougez

Within the general diversity of Europe, Spain stands out for its unmistakable character—a character owing as much to the country's geographic situation as to its ethnic and historical circumstances. Spain houses an endless amount of curiosities, while retaining an idiosyncrasy that is indisputable. Around 1960, in a political effort to attract tourism, the regime of dictator Francisco Franco underscored these peculiar traits with a shibboleth that came to embody the image that Franco sought to project: "Spain is different."

The difference had already attracted nineteenth-century travelers, who, on their way to North Africa or as members of expeditions expressly bound for Spain, brought their ships to rest in port while they visited historical monuments that were typical of Latin countries, but that also afforded a glimpse of exotic Oriental and African motifs. Thus, such expeditions were imbued with a far-off, ultracontinental flavor—a touch much appreciated by the Romantics. Spain attracted artists, musicians, and writers. North American author Washington Irving (1783–1859) wrote *Tales of the Alhambra*, and French novelist Prosper Mérimée (1803–1870) created the character Carmen, that indomitable Gypsy of Seville.

Photography began its Spanish history in 1839, the very year that the daguerreotype was invented in Paris. In Barcelona and Madrid, just a few days apart on November 10 and November 18, there were public demonstrations of the new process. Those who introduced the process were educated men of liberal stamp, who lived in Paris, quite separated from Spain for their political opinions. In Spain, photography was to follow the same course of development that characterized it in the rest of the Western world: fine professionals and excellent amateurs of certain social means were appearing all over. But in regard to the use of photography as social document, what vestiges remain are due in large part to the foreign photographers, primarily French and British, who visited and remained in Spain, even if only for a while.

Among these photographers were professionals who relied on portraiture to make a living, as well as travelers seeking discovery. The portrait photographers came primarily from France. Some went beyond the mere installation of galleries and set up important firms that purveyed all sorts of images: landscapes, monuments, and popular character types, such as bullfighters and Gypsies. This was the case with Juan Laurent Minier (1816–1892?), who arrived in Madrid in 1843. He founded a photographic establishment for which there exists notice since 1857 and an archive since 1862. In 1865 Laurent Minier became associated with José Martínez Sánchez, and after the death of the founder, the firm was known as Lacoste, Roig, Portugal, and finally, Ruiz-Vernacci, after the succession of its purchasers. In 1976 it was bought by the Dirección General de Bellas Artes y Archivos. This establishment was comparable to the Florentine firm of the Alinari brothers, which dates back to 1850 and began to function as an archive in Florence, in 1863. Instead of establishing companies, the British devoted their efforts rather to independent exploration, and the popular characters that they came to photograph generally have a more natural air about them. In the 1850s

EL PULSO DE LA HISTORIA Y EL REFLEJO DE LO ÇOTIDIANO

Por Marie-Loup Sougez

Dentro de la diversidad europea, España destaca con un carácter inconfundible, debido tanto a su situación geográfica como a sus circunstancias étnicas e históricas. Hacia 1960, en un esfuerzo político para atraer el turismo, el régimen franquista subrayó estos rasgos peculiares con el lema "Spain is different" que pretendía promocionar cierta imagen del país.

Esta diferencia ya atraía a los viajeros decimonónicos que, de paso hacia Africa del Norte, recalando en sus puertos o en una expedición expresamente dirigida a España, se dedicaban a visitar sus monumentos históricos, comunes a los países latinos, pero apreciaban también sus rasgos exóticos con sabor oriental y africano. Este sello confería al viaje una nota de lejanía ultracontinental, matiz muy apreciado de los románticos.

España atrae a los artistas, músicos y escritores. Washington Irving (1783–1859) escribe los *Cuentos de la Alhambra* y Prosper Mérimée (1803–1870) crea el personaje de *Carmen*, la indomable gitana sevillana.

La fotografía se inicia en España con sendas demostraciones públicas de daguerrotipo, en noviembre de 1839 y con escasos días de diferencia, en las dos principales ciudades: el día 10 en Barcelona y el 18 en Madrid. Los introductores del procedimiento son hombres cultos de signo liberal que viven en París, alejados de España por sus ideas políticas. La fotografía seguiría su desarrollo en España como en el resto del mundo occidental. Surgen buenos profesionales y excelentes aficionados en la clase acomodada. Pero, en cuanto a su utilización como documento social, los elementos que quedan se deben en buena parte a los fotógrafos extranjeros que la visitan o se afincan en el país temporal o definitivamente.

Estos fotógrafos son simples profesionales que importan la práctica del retrato como medio de vida, pero entre ellos están también los viajeros ávidos de descubrimientos. Los retratistas profesionales proceden principalmente de Francia. Además de sus galerías, algunos implantan en el país importantes empresas que recaban todas las imágenes exportables: paisajes, monumentos, y tipos populares, entre ellos toreros y gitanos. Es el caso de Juan Laurent Minier (1816–1892?) que funda en Madrid una firma comparable a la casa florentina de los Hermanos Alinari. Los anglo-sajones se dedican más a exploraciones independientes, y los tipos populares que recaban suelen tener más naturalidad. En las décadas de los cincuenta y sesenta, R.P. Napper y William Atkinson (activos en España en los 1850 y 1860) ofrecen un interesante muestrario de tipos andaluces. Aunque no se haya interesado mucho por el documento humano, digno de subrayar es el caso del británico Charles Clifford (1821–1863) que ilustra los hechos más relevantes de la crónica real, siguiendo los pasos de la reina Isabel II en sus viajes oficiales y recaba magníficas imágenes de la construcción (1851–57) del Canal que aún abastece de agua a la capital.

En regla general, durante el siglo XIX, los fotógrafos españoles aportan imágenes testimoniales en cuanto reflejan a la naciente clase media o retratan a una población más humilde que acude al estudio con motivo de

and 1860s, R. P. Napper (British, active Spain, late 1850s) and William Atkinson (British, active Spain, 1850s-60s) offered an interesting assortment of Andalusian types. Although never especially interested in documenting Spanish characters, Charles Clifford (British, 1821–1863) is also worthy of mention for having photographed the most salient aspects of the official royal expeditions, as he followed in the wake of Queen Isabella II (1830–1904). He also secured magnificent images of the construction (1851–57) of the canal, officially inaugurated in 1858, that brought Madrid its first fresh water supply.

During the nineteenth century, foreign photographers sought out the picturesque element — what they referred to as "local color": particular character types, lush vegetation, harsh nature, or historical monuments, especially Moorish Spain with its vestiges of the Muslim era. On the other hand, Spanish photographers of the nineteenth century generally bore witness in their images to the birth of a middle class, or portrayed a more humble sector of the population, who sought the services of the studios for the purpose of recording family occasions. Slowly, however, there began to appear on the scene Spanish photographers who systematically gathered documentation on monumental cities or on stereotypical figures in regional dress. These photographs constitute a mass of documentary material that has only recently been recovered, following a period of several decades during which no one paid any attention to these testimonies. Many such images were destroyed and, despite the particular richness inherent in the country, Spain itself did not put sufficient stock in the value of its photographic archives until a short time ago.

Although we can only outline them here, there are a number of factors that give Spain its unique character. First is the country's geographic situation — in the far southwest of the continent, bounded on the north by the Pyrenees, and separated from Africa on the south by the Strait of Gibraltar, in some areas less than a dozen miles wide. Facing the Atlantic on one side and the Mediterranean on the other, Spain is home to very different climates. Complex mountain systems tend to check ethnic integration, and the extreme climates provide for a varied agriculture.

Since prehistoric times, countless Indo-European migrations ended in the Iberian peninsula, over and above those settlers who came from the Mediterranean. Spain is the legitimate heir of Rome by virtue of its language, institutions, and culture; heir as well of the numerous peoples who had already been established in her lands: those of northwest Africa and Carthage in the south, when Phoenician and Greek colonies along the east coast had already mixed with the primitive peoples who were characterized by a strong Celtic and Germanic strain, and who had come from the north by land and by sea. This is not even to mention the enigmatic Basques, settled on both sides of the Pyrenees. Such an ethnic mosaic explains Spain's great variety of ethnic types and its wealth of popular folklore.

As is the case for the rest of the European states, Spain has a long and complex history — doubly so because of an added fact: the Muslim presence, which lasted eight centuries only to be truncated by the Catholic kings in 1492. This date marked a definitive turn in Spanish history, for the discovery of America by Christopher Columbus (1451?-1506), as envoy of the crown, coincided with the politics of territorial unification. But before the era of expansion was begun — in the sixteenth and seventeenth centuries, when Spain conquered immense territories in America and Europe — the country put an end to the long residence in her lands of two elements important to her ethnic and cultural make-up: the Muslim and Jewish communities. Despite bloody battles, three distinct religious factions had managed to live together in a single country: Spain for the Christians; al-Andalus for the Muslims; Sepharad for the Jews. Córdoba and Toledo were the privileged focal points of harmony among the three cultures.

There then occurred the decadence of Spanish splendor, except perhaps in the realm of most of the arts, while the impositions of the Church did not wane (the Inquisition did not fully disappear until the early nineteenth century). This separated Spain from European evolution. In the face of the Napoleonic invasion, Spaniards reacted with bravery. This war also planted, in a minority, the seed of progressivist thought.

acontecimientos familiares. Los fotógrafos extranjeros buscan más el aspecto pintoresco, lo que se llamaba entonces *couleur locale*: tipos populares, vegetación exuberante, adusta naturaleza o monumentos históricos, especialmente los vestigios de la época musulmana.

Pero, paulatinamente, aparecen fotógrafos españoles que reúnen sistemáticamente la documentación relativa a las ciudades monumentales o a personajes estereotipados en sus trajes regionales. Todo ello constituye un conjunto documental rescatado recientemente, después que, durante décadas, no se prestara atención a estos testimonios. Muchos quedaron definitivamente destruídos y, pese a la peculiar riqueza que el país entraña, la propia España no consideró suficientemente el valor de sus archivos fotográficos hasta hace poco.

Es particularmente lamentable ya que, precisamente es en Europa uno de los países de la más asombrosa diversidad geográfica y cultural que atesora un sinfín de peculiaridades, además de mantener una inconfundible idiosincrasia.

Aunque sea a grandes rasgos, conviene apuntar aquí cuáles son los componentes que hacen de España un país tan particular. Primero su situación, en el extremo sur occidental del continente, limitada al norte por los Pirineos y separada de Africa al sur por los escasos kilómetros del Estrecho de Gibraltar. Su doble fachada marítima, atlántica y mediterránea conlleva climas muy diferentes. Un complejo sistema montañoso favoreció el estancamiento étnico y sus climas extremos propician una agricultura muy variada.

Desde la Prehistoria, las innumerables migraciones indoeuropeas terminaron en la península ibérica, amén de los poblamientos procedentes del Mediterráneo. Considerada justamente como heredera de Roma por el idioma, las instituciones y la cultura, España lo es también de los numerosos pueblos asentados anteriormente en su territorio: magrebíes y cartagineses, por el sur, cuando ya existían las colonias fenicias y griegas en las costas orientales se mezclan con los pueblos primitivos que cuentan con una fuerte aportación celta y germánica procedente del norte por mar y por tierra. Sin contar con los enigmáticos vascos, asentados a ambos lados de los Pirineos. Este mosaico étnico explica la gran variedad de tipos humanos y la riqueza del folklore popular.

Como los demás Estados europeos, España tiene una larga y compleja historia, doblada por un factor añadido: la permanencia musulmana que duró cerca de ocho siglos y que quedaría zanjada por los Reyes Católicos en 1492. Esta fecha marca un giro definitivo en la historia española, ya que coincide con la política de unificación territorial el mismo año en que Cristóbal Colón (1451?–1506) enviado por la Corona, descubre y América. Antes de que se iniciara esta época de expansión, que a lo largo de los siglos XVI y XVII conquistó un inmenso imperio en América y en Europa, se puso fin a la larga permanencia en el territorio de dos elementos importantes en su formación étnica y cultural: las comunidades musulmana y judía que, pese a cruentas luchas, llegaron a convivir en un mismo país. España para los cristianos, al-Andalus para los musulmanes y Sefarad para los judíos. Córdoba y Toledo fueron los focos privilegiados de armonía entre las tres culturas.

Luego sería la decadencia del esplendor español, mientras permanecían las imposiciones de la Iglesia (la Inquisición no desapareció hasta principios del siglo XIX). Estos factores apartaron a España de la evolución europea. Ante la invasión napoleónica, los españoles respondieron con valentía, pero esta guerra aportó también el germen de un pensamiento progresista minoritario. A lo largo del siglo XIX, España, que empieza a perder sus colonias americanas, se ve sumida en guerras intestinas por cuestiones dinásticas (Guerras carlistas, de 1833 a 1876) y conoce una corta experiencia republicana (1873–74).

Isabel II (1830–1904) fue proclamada reina en 1833, a la muerte de su padre, Fernando VII. La Regencia fue sucesivamente asumida por su madre Maria Cristina, y luego por el general Espartero (1793–1879). En 1843, Isabel accedió a la mayoría de edad y reinó hasta el estallido de la revolución en 1868. Dentro de los altibajos del poder monárquico, el reinado de Isabel II (de 1833 a 1868) supone una voluntad de moderniza-

Throughout the nineteenth century, Spain, who began then to lose its American colonies, found itself submerged in internal wars concerning dynastic issues (the Carlist Wars, occurring off and on between 1833 and 1876), and the country briefly experienced republicanism (1873–74).

In 1833, upon the death of her father, Ferdinand VII, Isabella II (1830–1904) was proclaimed queen. The regency was then assumed by her mother, María Cristina (Bourbon), then by General Espartero (1793–1879). In 1843 Isabella became of age and ruled until the Revolution of September 1868. Amidst the ups and downs of monarchic power, the reign of Isabella II signified a will to modernize the country, and it coincided precisely with the beginnings of photography. Recognizing the value of the camera as an instrument of propaganda, the queen promoted its application in a very significant way. As we have already mentioned, the work carried out by Charles Clifford in this respect was remarkable, but it is also important to point out that there exists scant documentation concerning the battles that devastated the country. This documentary scarcity during troubled times fits a pattern and reflects an official determination to deny the seriousness behind the facts; meanwhile, what photographs were obtained by private initiative were often destroyed by mandate, or out of prudence on the part of the photographers themselves.

In the Spanish-American War of 1898, Spain lost the Philippines and Cuba, its last American possession. In the face of this reality, national conscience was expressed by the writers of the Generación del '98, who attempted to recover national values. This movement inspired the cultivation of whatever was particularly

Fig. 1 Casiano Alguacil Blázquez (Spanish, 1830–1914)
Procession in the Calle del Comercio, Toledo (*Procesión en la Calle del Comercio*, Toledo), c. 1871
Silver gelatin print (Copia al gelatino bromuro de plata)
Collection of Publio López Mondéjar (Colección Publio López Mondéjar), Madrid

ción del país y coincide precisamente con el inicio de la fotografía. La soberana sabe valorar el papel del procedimiento como instrumento de propaganda y fomenta su utilización de manera muy significativa. Como ya se señaló, la labor desempeñada por Charles Clifford en este sentido es remarcable. Pero es también importante subrayar que no quedan prácticamente documentos de las contiendas que asolaron el país. Carencia documental que ser irá repitiendo en épocas agitadas y que responden a la voluntad oficial de negar la gravedad de los hechos, mientras en caso de las fotografías obtenidas por iniciativas privadas, fueron destruidas por mandato o por prudencia de los mismos autores.

En 1898, España, enfrentada a los Estados Unidos, pierde las Filipinas y Cuba, su última posesión americana. Ante esta realidad, la conciencia nacional se expresa en el pensamiento de los escritores de la llamada Generación del 98 que reivindican los valores nacionales. Este movimiento alimentaría un culto a lo peculiarmente español, con matices políticos diversos. De esta España finisecular, como documento fotográfico excepcional, queda la obra de Casiano Alguacil Blázquez (1830–1914) que recaba documentos de varios puntos de España, pero se centra principalmente en los tipos populares y las escenas callejeras de Toledo (fig. 1).

Coincidiendo con el nuevo siglo, se crea en Madrid una asociación fotográfica que pronto se llamaría Real Sociedad Fotográfica. Reúne a los retratistas de moda y aficionados avezados. Entre sus socios figuran los principales adeptos de la corriente pictorialista y varios de ellos incluyen tipos populares y sitios pintorescos entre sus composiciones, pero sus obras tienden sobre todo a una estética de salón y, dentro de la perfección formal, no reflejan la realidad del país. La larga trayectoria del paradigma de esta corriente, José Ortiz Echagüe (1886–1981) no se alteró un ápice a lo largo de su dilatada carrera. Otros miembros de la agrupación madrileña, como Eduardo Susanna Almaraz (1884–1951), el conde de la Ventosa (1880–1951) o el marqués de Santa María del Villar (1880–1976) recaban también tipos y paisajes. El alemán Kurt Hielscher (1881–1948) recoge paisajes y monumentos publicados en el libro *La España incógnita* (1920). En Cataluña, hay excelentes pictorialistas: Joaquín Pla Janini (1879–1970), Antonio Campañá Bandranas (1906–1989) o Josep Maria Casals Ariet (?–1986), que incluyen personajes en sus paisajes, aportando así algún testimonio del momento.

Pero hay otros autores que, por iniciativa individual, recaban testimonios de tipo antropológico de gran valor. Es el caso de Tomás Monserrat i Ginard (1873–1944), modesto clérigo de la isla de Mallorca, que retrata sistemáticamente a sus feligreses del pueblo de Llucmajor. En la zona pirenaica de Huesca, Ricardo Compairé (1883–1965) y el vasco Felipe Manterola (1886–1977) en Vizcaya, se dedican a recopilar los aspectos de la vida campesina de su entorno. Los tipos humanos de los catalanes Josep Pons Girbau (1887–1964) y Juan Pereferrer ("Lux", 1889–1974) son otro ejemplo regional, sin olvidar a autores gallegos como Francisco Zagala (1842–1908), Luis Casado ("Ksado", ?–1972) o José Pintos (1881–1967).

Conviene destacar el caso de Luis Escobar (1887–1963), activo en la provincia de Albacete y cuya obra fue rescatada por Publio López Mondéjar. Su obra recoge, además de escenas de la vida campesina, los acontecimientos históricos filtrados por el ambiente provinciano: República, Guerra Civil, fiestas y carnavales, comercios y ferias, grupos escolares y aquellas *señoritas* que esperan a los clientes con unas copitas y una baraja (fig. 2).

Estas imágenes, casi todas referentes al ámbito rural, reflejan tan sólo una parcela de la sociedad. En las grandes ciudades, después de unos años de prosperidad debida a la neutralidad del país, durante la I Guerra Mundial que le deparó pingües beneficios, aparece otro conflicto con la campaña de Marruecos. La economía se estanca y, frente a las desavenencias entre monárquicos, en 1923 se establece el Directorio del general Primo de Rivera (1870–1930), dictadura militar que terminó en 1930. Al año siguiente, ante los resultados de las elecciones municipales favorables a una solución democrática, el rey Alfonso XIII (1886–1941) se exilia. La Segunda República es proclamada.

Spanish, but with shades of political diversity. One record of this end-of-the-century Spain is the exceptional work of Casiano Alguacil Blázquez (1830–1914), who garnered documents from all over the country, although he focused mainly on the popular character types and street scenes of Toledo (see fig. 1).

The creation in Madrid of a photographic association, soon thereafter called the Real Sociedad Fotográfica, coincided with the turn of the century. Among its members were the principal proponents of the pictorialist vogue. Several of them occasionally photographed popular character types and picturesque scenes, but above all, these works espoused studio aesthetics and, for all their formal perfection, do not reflect the reality of the country. The work of José Ortiz Echagüe (1886–1981) is the paradigmatic example of this trend, and it does not vary a bit throughout his extensive career. Other members of the Madrid society, such as Eduardo Susanna Almaraz (1884–1951), the Conde de la Ventosa (1880–1951), or the Marqués de Santa María del Villar (1880–1976), also cultivated images of character types and landscapes. The German Kurt Hielscher (1881–1948) published landscapes and monuments in the book *La España incógnita* (1920). There were excellent pictorialists who worked in Catalonia: Joaquín Pla Janini (1879–1970), Antonio Campañá Bandranas (1906–1989), Josep Maria Casals Ariet (?-1986), all of whom included figures in their landscapes, thus contributing historical testimony.

Still there were others who, on their own initiative, gathered valuable records of an anthropological nature. One case is that of Tomás Monserrat i Ginard (1873–1944), a modest clergyman on the isle of Mallorca, who systematically portrayed his parishioners of the town of Llucmajor. In the Pyrenees area, more precisely Huesca, Ricardo Compairé (1883–1965) and the Basque Felipe Manterola (1886–1977), of Biscay, spent their time gathering documents about the rustic life all around them. The Catalonian characters captured by Josep Pons Girbau (1887–1964) and Juan Pereferrer ("Lux," 1889–1974) are also prime examples of regional documentation, as are the works of the Galician photographers Francisco Zagala (1842–1908), Luis Casado ("Ksado," ?-1972), and José Pintos (1881–1967).

Fig. 2   Luis Escobar López (Spanish, 1887–1963)
The Girls of the Red Light District, Albacete (*Las Señoritas de "El Alto de la Villa,"* Albacete), 1928
Silver gelatin print (Copia al gelatino bromuro de plata)
Estate of Luis Escobar López (Archivo Luis Escobar López), Albacete

De esta época agitada, la incipiente fotografía de prensa da fe, no tan sólo de acontecimientos históricos, sino que hay autores como "Alfonso" (Alfonso Sánchez Portela, 1902–1990) que recaba testimonios de Madrid, en la calle o en el mundillo teatral y literario, mientras en Barcelona lo hace Alejandro Merletti Quaglia (1860–1943), más atento al deporte, entre otros destacados reporteros de la prensa gráfica. La experiencia republicana abre una puerta al exterior para el país, largo tiempo alejado del resto de Europa. Iniciativas de tipo social y cultural mejoran la vida ciudadana en la educación y la sanidad, por ejemplo. Ello no obvia un gran malestar social, las reivindicaciones autonómicas, sobre todo del País Vasco y Cataluña.

Del extranjero llegan fotógrafos: el joven Henri Cartier-Bresson (francés, n. 1908) recoge el ambiente de Madrid, Valencia y Córdoba. El *dada* Raoul Haussmann (austríaco, 1886–1971) se instala en la isla de Ibiza en 1933 y no la abandonará hasta el estallido de la guerra. De su estancia, quedan magníficas fotografías.

También está la serie sobre la pesca en Galicia, obra de José Suárez (1902–1974) en los años treinta. Tras veinte años de exilio, realizaría reportajes importantes sobre la Mancha y los toros.

En 1936, el levantamiento del general Franco cunde por el territorio: es el inicio de la cruenta Guerra Civil que asolaría todo el país hasta la victoria del ejército rebelde en 1939. La legalidad republicana es sustituida por la dictadura. En la contienda, los militares profesionales fueron ayudados por el potencial bélico italo-germano. De tal manera que el armamento nazi pudo probarse en España, en un gigantesco ensayo general de la II Guerra Mundial. El bombardeo de la ciudad vasca de Guernica arrasó la población con bombas incendiarias lanzadas por los aviones alemanes. Esa guerra fue también la primera en que se utilizó plenamente el reportaje fotográfico. Aparte de la conocida actuación de Robert Capa (norteamericano, 1913–1954), Hans Namuth (norteamericano, 1915–1990), David "Chim" Seymour (norteamericano, 1911–1956) y otros desde las posiciones republicanas, hubo también fotoperiodistas españoles, los más importantes igualmente en el bando gubernamental. En la prensa gráfica aparecían a menudo las firmas de Albero y Segovia, de "Alfonso", de los Hermanos Mayo (que luego se refugiaron en Méjico), y muy particularmente la de Agustí Centelles i Osso (1905–1985), que pudo salvar parte de sus fotografías guardadas en Francia en una maleta. Ya activo en la época de la República, sus fotografías ilustran esos tiempos agitados, pero también la vida cotidiana, tanto en la guerra como en la paz y en las cruciales elecciones de 1934 con la cola de votantes (fig. 3), fotografía tan elocuente como un retrato de August Sander. Centelles contrastaba a estos ciudadanos de clase media con otros fotografiados en un barrio obrero. Se trata de una fotografía comprometida, consciente de los acontecimientos que registra.

El final de la Guerra Civil acalla tiroteos y bombardeos pero no significa la recuperación del bienestar para la población. Esta, reprimida y dividida por una lucha fratricida de tres años, con profundos rencores entre ambos bandos, de tipo religioso, ideológico y personal, supone un largo exilio para muchos, sobre todo entre los intelectuales liberales y progresistas, lo que incidirá gravemente en el empobrecimiento cultural. Como en 1914, España mantiene la neutralidad, aunque Franco estuviera a favor del Eje. Así el país se vió excluido del resto de Europa cuando se inició la reconstrucción, una vez restablecida la paz. Muy empobrecida, España tiene infraestructuras obsoletas. La gente busca el sustento diario en una lucha de supervivencia, a base de mercado negro, sobornos y pluriempleo. La estrecha moral religiosa anima una férrea censura que mantiene el país ajeno a las grandes corrientes culturales de la época. Todo ello motiva un comportamiento lleno de hipocresía y de desconfianza en las relaciones humanas, especialmente en el terreno de la sexualidad.

Las fotografías realizadas por W. Eugene Smith (norteamericano, 1918–1978) en el pueblo extremeño de Deleitosa en 1950 y publicadas en *Life* con el título *A Spanish Village* reflejan ciertamente una de las zonas más deprimidas del campo español, pero no dejan de ser documentos sacados de la realidad que causan grandes sinsabores a las autoridades franquistas. Así que la ayuda económica de Estados Unidos concedida por el presidente Eisenhower a cambio de la implantación de las bases militares asentadas hasta hoy,

Outstanding among photographers of this ilk was Luis Escobar (1887–1963), who worked in the province of Albacete. His photographs have been rediscovered by Publio López Mondéjar. In addition to his scenes of rural life, there are views of historical events tinged with provincial atmosphere: the Second Republic, the Civil War, fiestas and carnivals, commerce and fairs, school groups, and those young women who awaited their clientele with drinks in hand and a deck of cards (see fig. 2).

These images, all of which depicted a rural ambiance, reflected just one aspect of society. In large cities one could detect the effects of the Moroccan campaign. This followed on the heels of a few years of prosperity during World War I, which had resulted in scant benefit to the country. The Spanish economy was stultified, and, amidst the discord that had arisen in the royalist party, in 1923 the Directorship of Primo de Rivera y Orbaneja (1870–1930) was set up—a dictatorship that endured until 1930. In the following year, recognizing that the results of the municipal elections favored a democratic solution, King Alfonso XIII (1886–1941, King of Spain 1886–1931) went into exile. The Second Republic was proclaimed.

During this chaotic era, incipient press photography was not only in effect witness to the events of history, but photographers such as "Alfonso" (Alfonso Sánchez Portela, 1902–1990) created testimonies of life in Madrid, in the city's streets or among its theatrical and literary figures. Meanwhile, in Barcelona, Alejandro Merletti Quaglia (1860–1943) worked in similar fashion, concentrating, however, on sports. These were just two among the many outstanding photojournalists. After having been distanced for so long a time from the rest of Europe, during the Second Republic Spain finally had a window to the outside world. In the areas of education and health, for example, there were initiatives of a social and cultural sort, efforts to improve the life of Spain's citizens. Still, none of these changes prevented tremendous social unrest, in particular the desire for regional autonomy throughout the Basque Country and Catalonia.

Photographers arrived from foreign lands: the young Henri Cartier-Bresson (French, b. 1908) captured the ambiance of Madrid, Valencia, and Córdoba. The dadaist Raoul Haussmann (Austrian, 1886–1971) took up residence in 1933 on the isle of Ibiza, where he remained until the Civil War broke out in 1936. He left us magnificent photographs of his stay there.

Also from this period is a series of images on fishing in Galicia by Spanish photographer José Suárez (1902–1974). Following two decades in exile, he would later carry out important photographic reports on the Mancha and tauromachy.

In 1936 General Franco's uprising spread across the land. It was the beginning of the bloody Civil War that was to devastate the entire country until the victory of the rebel army in 1939. A dictatorship was substituted for the legal republic that had been in power. In the struggle, professional militiamen were aided by Italo-German military forces. For example, the Basque population of Guernica was demolished by incendiary bombs dropped from German planes. By such means, the Axis armies were able to practice fighting in Spain, by way of a massive general test for World War II. This war also marked the first appearance of widespread photographic reportage. Apart from the familiar examples of Robert Capa (North American, 1913–1954), Hans Namuth (North American, 1915–1990), David "Chim" Seymour (North American, 1911–1956), and others on the republican side, there were in addition Spanish press photographers, the most important of whom also were on the side of the government. Often appearing in the press were the signatures of Albero y Segovia, of "Alfonso," of the Mayo brothers (who later fled to Mexico), and especially that of Agustí Centelles i Osso (1905–1985), who was able to salvage a portion of his photographs by keeping them in a suitcase in France. He had already been active during the Republic, with photographs depicting those agitated times; but his work also deals with daily life, in war as in peace, and during the crucial elections of 1934. His photographs of voting lines (see fig. 3), for example, are as eloquent as portraits by August Sander. Centelles contrasted these middle-class citizens with others whom he photographed in a working-class neighborhood. This is photography that implies social concern, that records with conscience social events.

junto con el Concordato con la Santa Sede, ambos firmados en 1953, supusieron un aval para el Franquismo que empezaba a fracturar el aislamiento en que se encontraba. Dos años más tarde, España ingresaba en la ONU.

Cuando en los años cincuenta, España empieza a recobrar el contacto con el exterior, un joven fotógrafo catalán, Francesc Catalá Roca (nacido en 1923, hijo del fotógrafo Pere Catalá Pic) empieza a realizar fotografías de la España de entonces: calles, campo, aldeas, fiestas y gentes constituyen una entrañable crónica no exenta de humor crítico (fig. 4).

Las agrupaciones fotográficas se reorganizan o se fundan otras nuevas. Llega, aunque con retraso, el libro-catálogo de la exposición *The Family of Man* organizada en 1955 en el MOMA y que recorre medio mundo pero no se exhibirá en España. Este catálogo, junto con la obra de Catalá Roca, así como el cine neorrealista italiano animan a jóvenes que inician una corriente de fotografía social. Ello supone, al mismo tiempo, el inicio de obras de calidad que se alejan sustancialmente de la línea pictorialista hasta hace poco imperante y la tímida salida de la producción española al exterior.

El núcleo catalán, en contacto directo con Catalá Roca, cuenta con Xavier Miserachs (n. 1937), Ricardo Terré (n. 1928), Josep Oriol Maspons (n. 1928) y Ramón Masats (n. 1931). Este último se traslada a Madrid y constituye el nexo entre el foco catalán y la llamada Escuela de Madrid que, al amparo de la vieja Real Sociedad Fotográfica, aporta otro eslabón a la nueva corriente contando con unos cuantos autores de más edad: Juan Dolcet Santos (1914–1990), Francisco Gómez Martínez (n. 1918) o Gerardo Vielba (n. 1921), a los que se suman los entonces treintañeros Gabriel Cualladó (n. 1925), Fernando Gordillo (n. 1933), Ramón Masats ya citado, Francisco Ontañón (n. 1932), etc. Como una extraña paradoja, la aglutinación de estos esfuerzos encontraría su vínculo en Andalucía, en la lejana Almería, con el grupo AFAL (Agrupación Fotográfica Almeriense) fundado en 1956 por José María Artero (n. 1921) y Carlos Pérez-Siquier (n. 1930). AFAL supo reunir, junto con sus socios andaluces, al núcleo catalán y al madrileño, así como a otros jóvenes fotógrafos desperdigados por el resto del país, entre ellos el vasco Alberto Schommer (n. 1928). Después de una muestra llamada *Fotógrafos de AFAL* en Charleroi (Bélgica) y en Milán y Venecia, se celebró en París la exposición titulada *Confrontation: Groupe AFAL et Groupe Photographique de Paris* que luego seguiría en Londres, Munich y hasta Moscú (extremo increíble en la época) en una itinerancia que se desarrolló entre 1958 y 1962.

Las obras de estos fotógrafos que constituyen la base de la actual corriente documental española, en cuanto a toma de conciencia profesional, difiere en matices según cada autor e incluso en intenciones en la crítica, pero todas están marcadas por el mismo sello que refleja la sociedad española de la época, tal vez porque ya disponen de unos parámetros procedentes del extranjero. Saben subrayar veladamente las limitaciones y cortapisas a las que están sometidos los españoles en su vida cotidiana, con esa nota de humor negro muy propia.

La fotografía de prensa es prácticamente inexistente ya que la única publicable es aquélla que ensalza los valores del régimen, los festejos oficiales, las inauguraciones de pantanos por el Generalísimo o las descomunales piezas cobradas en sus pescas y cacerías. Aparte de las exposiciones celebradas en los locales de sociedades fotográficas o en contadas librerías, la única salida para la joven fotografía es la publicación de libros ilustrados. Así es como la editorial Lumen, de Barcelona, inicia en los años sesenta la colección "Palabra e Imagen" que publica, entre otros títulos, *Toreo de salón* con texto de Camilo José Cela (n. 1916) y fotografías de Ramón Masats y Julio Ubiña (1922–1985), *Izas, rabizas y colipoterras*, de Cela, ilustrado por Juan Colom (n. 1921) y dedicado a la prostitución callejera, *Viejas historias de Castilla la Vieja*, por Miguel Delibes (n. 1920) con fotografías de Masats, y *Neutral Corner*, también ilustrado por Masats con texto de Ignacio Aldecoa (1925–1969) y dedicado al ámbito del boxeo. Existieron más publicaciones todas minoritarias, y de innegable interés.

Fig. 3   Agustí Centelles i Osso (Spanish, 1901–1985)
Elections, Barcelona (*Elecciones*, Barcelona), 1934
Silver gelatin print (Copia al gelatino bromuro de plata)
Estate of Agustí Centelles i Osso (Archivo Agusti Centelles i Osso), Barcelona

The end of the Civil War brought a welcome end to gunshots and bombings, but it did not signify the recuperation of well-being for the population. Repressed and divided by fratricidal battles over the course of three years, people on both sides experienced deep resentment of a religious, ideological, and personal sort. This meant a long exile for many, above all for the liberal and progressivist intellectuals; the consequence was a serious cultural deprivation. Throughout World War II, Spain maintained neutrality, as it had done in 1914, although Franco favored the Axis powers. Thus, once again the country found itself isolated from the rest of Europe once peace was reestablished and reconstruction begun. A severely impoverished Spain had an infrastructure that was obsolete. Its people sought daily sustenance in the black market, bribes, and multiple employment; it was a fight for survival. The country's rigid religious code abetted an iron-fisted censorship that kept the country isolated from the great cultural currents of the day. All the aforementioned factors generated behavior characterized by hypocrisy and distrust in human relationships, notably in the area of sexuality.

The photographs that W. Eugene Smith (North American, 1918–1978) made in the Extremaduran town of Deleitosa in 1950, which were published in *Life* magazine under the title "A Spanish Village," reflected, surely, one of the most depressed regions of the Spanish landscape. The publication of these realistic documents caused serious resentment on the part of the Franco regime, yet the economic aid received from the United States under President Dwight D. Eisenhower in exchange for permission to install military bases (in place to this day), in conjunction with an agreement with the Holy See (both signed in 1953), signified an endorsement of Franco's power and laid a foundation for a remedy to the isolation into which the country had sunk. Two years later, Spain entered the United Nations.

During the 1950s Spain began to reestablish contact with the outside world. It was then that a young Catalonian photographer, Francesc Catalá Roca (b. 1923, the son of the photographer Pere Catalá Pic),

Los fotógrafos participantes en la muestra de AFAL ya habían tomado contacto con el exterior, recibían revistas y catálogos, mientras las asociaciones mantenían relación con grupos similares en Europa. Paulatinamente, los españoles empezaron a viajar al extranjero.

Pero existen otros factores que rompen el aislamiento del país. Al exilio político de la inmediata posguerra se suma ahora de la emigración de numerosos trabajadores que no encuentran solución laboral en su tierra. A la clásica solución de *hacer las Américas* (fundamentalmente el viaje a Argentina) se añade la emigración a Europa: Francia, Suiza y Alemania principalmente. El reportaje realizado por Manuel Ferrol (n. 1923) en 1956, titulado *Emigración*, expresa el desgarro de las familias gallegas en el momento de despedir a los que marchan a Argentina (fig. 5). Al éxodo masivo de las clases más humildes (más de dos millones de personas entre 1963 y 1973) hay que añadir a los jóvenes artistas e intelectuales que, en los años cincuenta a setenta, salen al extranjero para encontrar libertad de expresión. Tanto unos como otros pueden volver sin problema a España, lo que era imposible para los exiliados políticos. Ello facilita también la labor de estructuración de la oposición política (partidos y sindicatos clandestinos) dentro del país que encuentra apoyo en el extranjero. El intercambio con el exterior, aunque sea a título individual, se intensifica. Fuera, los españoles recaban nuevos hábitos de su vida cotidiana que traen a su vuelta. Otro factor de importancia radica en el turismo extranjero que empieza a cruzar la frontera. Por las calles y las playas españolas empiezan a pasear jóvenes en pantalones cortos o en minifalda que atraen las miradas airadas de las autoridades, pero cuya imagen cala poco a poco en la sociedad. Las huelgas y los movimientos estudiantiles menudean, los atentados activistas se repiten. El dictador envejece.

En septiembre de 1975, Franco se niega a firmar la gracia de los cinco condenados a muerte que serían los últimos ejecutados. Tras una larga agonía, el dictador muere el 20 de noviembre. Dos días después, Juan Carlos de Borbón jura como Rey de España.

En 1976, por referendum popular se apoya masivamente la propuesta de Reforma política. Poco más tarde, se firma la Amnistía general de la que se beneficia gran parte de los presos políticos. En 1977 es la legalización de los sindicatos y de los partidos políticos. Se celebra por primera vez desde la República el día 1 de mayo de manera oficial, y la anciana Dolores Ibárruri ("la Pasionaria", 1895–1989) vuelve de Moscú. En 1978, se promulga la Constitución. Al año siguiente se restablecen los estatutos autonómicos y se procede al reparto de las competencias regionales (históricamente de gran importancia en Euzkadi y en Cataluña).

Tal es el vertiginoso discurrir de los años de transición que se llevó a cabo de manera ejemplar. Quedaba -y sigue- el problema de los independentistas vascos (ETA) con los atentados sangrientos que conlleva, cuestión importante sin resolver.

Si la política resultó entonces atinada y efectiva, el gran protagonista fue sin duda el pueblo español que demostró una inesperada madurez en este proceso. Después de tantos años de dictadura, y tras una larga historia falta de libertades, los españoles supieron demostrar su capacidad de adaptación a las leyes democráticas. Por eso mismo, cuando el 23 de febrero de 1981, un puñado de militares asaltó las Cortes, después de unas horas de angustia, y recuperada la seguridad ciudadana, en toda España se celebraron las más importantes manifestaciones de adhesión a la Constitución. En esta repulsa entraba también el rechazo visceral al militarismo y al fantasma de la guerra, aún tan presentes entre los mayores y en la memoria colectiva.

La evolución del país es patente en la calle, en la manera de vestir informal y común al mundo occidental. Ya nadie se extraña de que una pareja se bese en público. Son detalles que saltan a la vista, contrastables con el recuerdo de una España mojigata que se hacía cruces ante los modales de los turistas extranjeros. Las manifestaciones culturales más vanguardistas tampoco despiertan el desconcierto y la gente suele tener una actitud receptiva ante cualquier novedad.

En la década de los setenta, poco antes de finalizar la dictadura, surgen unos fotógrafos que empiezan a recopilar sistemáticamente el rico caudal de las fiestas populares. Se llaman Koldo Chamorro, Cristina García

started recording the Spain of his day: streets, landscapes, villages, fiestas, and people make up a loving chronicle which possesses as well its critical side (see fig. 4).

Photographic societies regrouped; new ones were established. Although it reached Spain late, *The Family of Man* did arrive. The book catalogued the exhibition organized in 1955 by The Museum of Modern Art in New York which traveled to many countries, although it was not shown in Spain. This catalogue, together with the work of Catalá Roca and Italian neorealist cinema, inspired a younger generation to inaugurate a social-minded trend in photography. All of the aforementioned signified, at the very same time, the beginning of quality works that were considerably distant from the pictorialist line that had reigned supreme until shortly before. It signified, also, the timid exportation of Spanish works to foreign lands.

The nucleus of Catalonian photographers, in direct contact with Catalá Roca, had among its members Xavier Miserachs (b. 1937), Ricardo Terré (b. 1928), Josep Oriol Maspons (b. 1928), and Ramón Masats (b. 1931). Masats moved to Madrid and became the link between the nucleus in Catalonia and the so-called Madrid School. The Madrid School, with certain support from the old Real Sociedad Fotográfica, afforded yet another link in the new trend. Among its older members were Juan Dolcet Santos (1914–1990), Fran-

Fig. 4   Francesc Catalá Roca (Spanish, b. 1923)
Advertisement, Hacia (*Publicidad*, Hacia), 1955
Silver gelatin print (Copia al gelatino bromuro de plata)
Courtesy of the artist (Cortesía del artista), Barcelona

Rodero, Cristóbal Hara (los tres presentes en esta muestra) y también Fernando Herráez que inicia su serie titulada *Ritos ibéricos* en 1973 y Ramón Zabalza quien, a partir de 1974, se centra en el mundo del toreo y en los gitanos. A ellos se sumaron otros autores, algunos representados en esta exposición.

Junto a ellos figuran fotógrafos dedicados a recopilar tipos humanos o paisajes. También están los reporteros que son los inmediatos seguidores de los fotoperiodistas que vivieron la transición y siguen activos: Manuel Armengol, Pilar Aymerich, Josu Bilbao, Carlos Bosch, Gustavo Catalán, Pepa Flores, Pablo Neustadt, Bernardo Pérez, Jordi Socias o Víctor Steinberg. La profesión del fotoperiodista aún no está suficientemente reconocida y es únicamente en circunstancias extremas cuando se repara en el nombre del autor. Fue el caso de Manuel P. Barriopedro (n. 1947), que inmortalizó la esperpéntica figura del coronel Tejero (n. 1932) empuñando la pistola en el asalto al Congreso, o de Juantxu Rodríguez (1957–1989), al toparse con la muerte, cuando fue abatido en Panamá el 21 de diciembre de 1989.

La importancia de las fiestas populares representa un aspecto notable de la vida española, con una vigencia mayor que en todos los demás países mediterráneos, en número y en vitalidad. Este fenómeno reúne las manifestaciones de origen religioso (en la mayoría de los casos) pero con un profundo arraigo popular que trasciende lo litúrgico, con orígenes antiquísimos anteriores al Cristianismo. Han vuelto los carnavales, largo tiempo prohibidos que sigue estudiando Cristina García Rodero. Esta, junto con Koldo Chamorro, ofrece aquí imágenes de las procesiones, principalmente las de Semana Santa, así como otras fiestas relacionadas tanto con el calendario religioso como con los trabajos del campo y el ritmo de la naturaleza. También hay aspectos de las promesas y ceremonias relacionadas con el culto de los muertos, tan propios de la brumosa Galicia.

Por supuesto no faltan los toros, espectáculo eminentemente español, aunque ahora la afición al fútbol convoca a un mayor público y se ha convertido en el deporte nacional. El mundo de la tauromaquia figura aquí en las fotografías de Koldo Chamorro en el ruedo y en los Sanfermines de Pamplona, donde no faltaba nunca Ernest Hemingway. Clemente Bernad, Cristina García Rodero y Cristóbal Hara aportan cada uno también su visión de la *fiesta* en varias regiones, en ciudades o en pueblecitos y en variantes como son los encierros o los *bous de la mar*.

Existen otras muchas caras de las fiestas: una, muy circunscrita al País Vasco y Navarra, con esos concursos de destreza y fuerza que recoge Carmelo Alcalá: *aizkolaris, sokatira*, en que los participantes alardean su fuerza cortando troncos, tirando de una soga o levantando piedras. Otras fiestas, mucho más esparcidas y comunes a todo el litoral levantino, son las de Moros y Cristianos a las que el mismo Carmelo Alcalá dedicó un trabajo (que no figura en la muestra) y que recuerdan los ocho siglos de lucha entre cristianos y musulmanes, con desfiles llenos de color y de olor a pólvora.

Marta Povo ofrece aquí una serie dedicada a los balnearios catalanes que están recobrando importancia. Estos establecimientos son numerosos por toda España y corresponden a la gran diversidad geológica de la península. Diversidad patente en sus países como se atisba en la selección de vistas de Jaume Blassi, aunque no ofrece más que contados aspectos de su gran variedad.

Aparte del capítulo dedicado a las fiestas, conviene hablar de la vida cotidiana, del mundo laboral que ofrecen aspectos muy distintos, imposibles de recoger en esta muestra. Como en todas partes, existen diferencias entre el campo y la ciudad, entre el norte y el sur. España, integrada en la Comunidad Europea desde 1988, entrará plenamente en el mercado único en 1993, situación difícil en un país afectado por el paro. En pocos años, los trabajadores españoles dejaron de suministrar la mano de obra barata en el extranjero para competir en su propio territorio con trabajadores de fuera: técnicos especializados europeos e inmigrantes ilegales, en su mayoría africanos, para las tareas menos remuneradas.

Sin embargo, aún existen trabajadores que salen de España para faenas agrícolas temporeras, especialmente para la vendimia en el sur de Francia. Es una faceta que fotografió Carlos de Andrés (no se exhibe

cisco Gómez Martínez (b. 1918), Gerardo Vielba (b. 1921); among the younger generation, in their thirties at the time, were Gabriel Cualladó (b. 1925), Fernando Gordillo (b. 1933), Francisco Ontañón (b. 1932), Masats, and others. Paradoxically enough, these disparate efforts would find integration in Andalusia, in the far-off city of Almería, by virtue of the AFAL group (Agrupación Fotográfica Almeriense), founded in 1956 by José María Artero (b. 1921) and Carlos Pérez-Siquier (b. 1930). AFAL managed to bring together, along with its Andalusian associates, the Catalonian and Madrid nuclei, as well as other young photographers spread across the country, among them Alberto Schommer (b. 1928). Following a show called "Photographers of AFAL" in Charleroi in Belgium, Milan, and Venice, Paris hosted an exhibition called "Confrontation: AFAL Group and Photographic Group of Paris," which traveled in 1958–62 to London, Munich, and even Moscow, incredible as that was at that time.

The works of these photographers constitute the basis of today's Spanish documentary photography, insofar as they represent a willful professional consciousness. Despite clear shades of difference, all these works bear the same sense of purpose: to reflect Spanish society with a new awareness and understanding, perhaps because now photographers could avail themselves of the parameters in foreign countries, of which they were becoming aware. The photographers learned how to highlight, in a secret way, the limitations and roadblocks to which Spaniards were subject in everyday life, and they did so with that touch of dark humor that is so Spanish.

Press photography was practically nonexistent, for the images that could be published were those that extolled the glories of the regime, official functions, such as the inauguration of reservoirs by the Generalísimo, or propaganda photographs featuring outlandish catches Franco made on his hunting expeditions and fishing trips. With the exception of exhibitions in the photographic societies' own locales, or in a few bookstores, the only outlet for this budding corpus of photography was book publication. It was in response to this need that the Barcelona publishing house Lumen began in the 1960s its series "Word and Image." This collection included, among other titles, *Toreo de salón*, with text by Camilo José Cela (b. 1916) and photographs by Ramón Masats and Julio Ubiña (1922–1985); *Izas, rabizas y colipoterras*, by Cela, illustrated by Juan Colom (b. 1921) and devoted to the topic of street prostitution; *Viejas historias de Castilla la Vieja*, by Miguel Delibes (b. 1920), with photographs by Masats; and *Neutral Corner*, also illustrated by Masats, with text by Ignacio Aldecoa (1925–1969), and devoted to the world of boxing. There were other publications, as well, which had sparse first printings but were also worthy of attention.

The photographers who participated in the AFAL showing had already made contact with the world outside. They received foreign magazines and catalogues, while their photographic societies maintained relations with similar groups in Europe. Little by little, Spaniards were beginning to travel outside of their country.

There were yet other factors that served to lessen Spain's isolation. The political exodus that followed immediately after the Civil War was repeated now in terms of the emigration of a great number of workers who could not find jobs within Spain. In addition to the classic solution — "doing the Americas" (essentially, a trip to Argentina) — a new solution arose: the emigration toward other countries in Europe, mainly France, Switzerland, and Germany. The series that Manuel Ferrol (b. 1923) executed in 1956, called "Emigration," expresses the conflicting emotions of Galician families at the moment of final goodbyes to those leaving for Argentina (see fig. 5). More than two million of the lower classes emigrated between 1963 and 1973. To this massive exodus we must add the young artists and intellectuals who, throughout the 1950s, left for foreign lands to find freedom of expression. Both groups were able to return without any difficulty — a condition impossible for the political exiles. This new freedom to travel made easier the task of structuring political opposition (clandestine unions and parties) within Spain, often with the backing of foreign groups. Interchange with the world outside intensified. Spaniards learned new styles of daily living, which they brought

aquí) y también Clemente Bernad que ofrece una secuencia sobre los jornaleros andaluces. Estos trabajadores representan una mano de obra disponible según lo que se les ofrezca, porque en Andalucía la concentración de propiedades agrarias entre pocos significa que muchos campesinos no poseen tierras propias y están a merced de un empleo esporádico.

Juan Manuel Díaz Burgos y José Manuel Castro Prieto fotografiaron a diferentes personas en su ambiente laboral, en una visión subjetiva que reviste fuerza dramática. No figura en la selección el trabajo que realizó Marta Povo sobre los artesanos barceloneses, a lo largo de tres años de recopilación.

Xurxo Lobato y Manuel Sendón hablan desde su Galicia natal, el primero recoge varios aspectos con las tiendecitas pueblerinas, las verbenas, las playas populares y las modestas casas de pescadores. Manuel Sendón recopila ejemplos de murales fotográficos en un insólito conjunto de decorados *kitsch*.

Opuesta a la ya casi inencontrable Arcadia ("En las eras", de Cristina García Rodero) que plasma una agricultura sin mecanizar a punto de desaparecer, está la vida urbana cuyo paisaje puede ser la desolación de los descampados periféricos que aparecen en las vistas panorámicas de Alejandro Sosa Suárez recogidas en las afueras de Sevilla y representativas de la expansión urbana. Puede ser también el silencio suburbial del Vallés Oriental plasmado con sensibilidad por Carlos Cánovas, mientras Manolo Laguillo ofrece algunas de las obras en curso para las instalaciones de las próximas Olimpiadas en Barcelona. Junto con la Exposición de Sevilla y la capitalidad cultural europea que recae en Madrid, marcan los acontecimientos asignados al año 1992. Lo mismo que el tren de alta velocidad que impondrá un cambio de ancho ferroviario (que fue otro factor de aislamiento) son obras emblemáticas que dejarán importantes infraestructuras en un país que tiene que ponerse al día en muchos aspectos, entre otros el de la sanidad pública, aspecto tratado por Carlos de Andrés.

Las grandes ciudades comparten muchos rasgos comunes al resto de Europa. En ellas habitan hombres y mujeres como algunos de los retratados por Humberto Rivas. Se puede también encontrar a algunos *punkies* y, dentro de estos ejemplos de tribus urbanas cabe mencionar el trabajo importante de un fotógrafo, Alberto García Alix, sobre los grupos rockeros y las pandillas de motociclistas.

Los gitanos suelen asentarse en los suburbios o en zonas rurales. Juan Manuel Díaz Burgos muestra aquí algunos representantes de esta minoría étnica cuya máxima expresión se da con la música y el baile flamencos que han traspasado las fronteras en un fenómeno tan sólo comparable con el jazz. El cante y el baile flamencos constituyen la expresión de los gitanos, principalmente asentados en Andalucía. Sus formas musicales participan también de remotos orígenes orientalizantes (moriscos y judaicos). El flamenco, expresión genuina de una minoría marginada, no es sin embargo exclusiva de los gitanos. Existen artistas flamencos *payos* (no gitanos) como hay intérpretes de jazz blancos.

De los recientes acontecimientos históricos con resonancia popular, Clemente Bernad recuerda el entierro de "la Pasionaria" en Madrid, donde murió la anciana luchadora comunista. Hace poco, el pueblo madrileño dió muestras de simpatía a Raisa Gorbachova, como lo recogen las tres fotografías de Carlos de Andrés.

Se han ido ganando en pocos años derechos básicos compartidos con la mayoría de los países europeos, como el divorcio, la abolición de la pena de muerte, el derecho de huelga, la ley del aborto y se está planteando la legislación en materia de objeción de conciencia. La igualdad de la mujer con el hombre se está conquistando paso a paso y, si Carlos de Andrés subraya la doble carga que recae en la mujer integrada en el mundo laboral, conviene matizar. La postura masculina ha evolucionado y, sobre todo en las ciudades, no es extraño ver a un hombre llevando la bolsa de la compra o empujando el cochecito de su hijo, algo inconcebible en tiempos del franquismo.

En materia de fotografía documental, ciertos autores persiguen temas muy determinados: fiestas populares, determinadas actividades profesionales, ciertos ambientes urbanos, etc., que llegan a constituir un

Fig. 5   Manuel Ferrol Fernández (Spanish, b. 1923)
The Parting of the Emigrants, La Coruña (*Despedida de emigrantes*, La Coruña), 1956
Silver gelatin print (Copia al gelatino bromuro de plata)
Courtesy of the artist (Cortesía del artista), La Coruña

back with them upon their return. Another important factor in this regard was the foreign tourism that was beginning to flow into Spain. Along Spanish streets and beaches young people went strolling in shorts or miniskirts; little by little their image took hold in society, despite scornful glances from authorities. Student strikes and demonstrations grew frequent; activist attacks became common. The dictator was growing old.

In September 1975, Franco refused to sign a reprieve for five persons sentenced to die; they would be the last individuals executed under his regime. Following a protracted decline, the dictator died on November 20. Two days later, Juan Carlos, of the Bourbon throne, was sworn in as King of Spain.

In 1976 a proposal for political reform was resoundingly supported by popular referendum. Shortly thereafter, a general amnesty was signed, to the benefit of a great number of political prisoners who were freed. In 1977 unions and political parties were legalized. For the first time since the Second Republic, the First of May (a form of Labor Day) was celebrated officially, and the aging Communist crusader Dolores Ibarruri ("La Pasionaria," 1895–1989), returned home from Moscow. In 1978 the Constitution was sworn and adopted. In the following year, the Estatutos Autonómicos were reestablished, and from there Spain moved in the direction of the recognition of regional rights (historically of great importance in the Basque Country and Catalonia).

corpus documental inconfundible. En otros casos (que son la mayoría) la cosecha de imágenes de la vida cotidiana (en el tema tratado aquí) son imágenes aisladas cuya interpretación depende de la utilización que le es asignada. Tanto los comentarios escritos, como la reunión de imágenes de distintas procedencias impondrán un sentido distinto según su utilizador. Con todo, este caleidoscopio de las ilustraciones aquí presentadas ofrece unos cuantos aspectos de la realidad cotidiana española, en un momento de cambio profundo, sin por ello abandonar unos rasgos inalienables.

Sin embargo refleja algo cierto: la permanencia de rasgos propios, algunos que parecen inalienables, otros destinados a desaparecer ante la creciente uniformización imperante en el mundo, con sus variantes climáticas, sus desigualdades sociales, sus alegrías y sus penas. Lo que es innegable es el rápido cambio registrado en España en los últimos años. España ya no es tan diferente como alardeaba la Dirección de Turismo durante el Franquismo.

¿Cuál es el papel de la fotografía en tan rápida evolución? En sus principios, la fotografía coincidió con un país aislado del resto de Europa, padeciendo guerras civiles y sucesivos pronunciamientos militares y con una escasa experiencia en materia de libertades ciudadanas, terreno muy poco favorable para el desarrollo de una fotografía documental independiente.

Primero, se buscó el carácter pintoresco y exportable según los gustos de los turistas extranjeros o de los pictorialistas de principios del siglo. La dictadura y la Iglesia insistieron en el aspecto religioso y vetaron el reflejo de la realidad social. Un puñado de fotógrafos supo centrarse en la crónica callejera y en la recopilación rigurosa de lo más profundo de la expresión popular. La vigencia de estos documentos se nutre de las raíces de una población mayoritariamente rural, con un desarrollo industrial más lento que en el resto de la Europa occidental. La transformación rápida de los últimos años aboca a otros ámbitos de actividad para la fotografía documental, cuando las circunstancias deberán favorecer el desarrollo de un fotoperiodismo independiente capaz de recopilar no tan sólo los acontecimientos históricos, sino de reflejar la vida cotidiana.

Si no ha incidido en la evolución del país, la fotografía puede pretender ahora reflejar su transformación.

Changes were dizzyingly swift during these transitional years, and were carried out in an exemplary fashion. Unresolved, and still an issue, is the problem of the Basque independence group (ETA, for Euzkadi ta Azkatasuna, or Basque Country and Liberty), which still undertakes bloody attacks of rebellion. It is an important issue with no apparent solution to date.

The great hero throughout this politically volatile time has been without a doubt the Spanish people as a whole, for they showed surprising maturity during this process. After so very many years of dictatorship, such a long history of having no liberties, the Spanish people evidenced their capacity to adapt to democratic law. For that very reason, when on February 23, 1981, a handful of military figures ambushed the Congress for several anguished hours, once the security of the citizenry had been restored, the entire country celebrated its most significant demonstration of adherence to the Constitution. This response revealed the public's visceral rejection of militarism and the specter of war that were still so alive among the elder generation and in the collective memory.

The way the country has changed is apparent in the streets, in the manner of dress that is so informal and common to the Western world. No longer does anyone find it odd to see a couple kissing in public. These details are in striking contrast to the Spain of rigid traditionalism that made the sign of the cross at the sight of tourists' customs. Today the most avant-garde cultural displays are no cause for consternation, and the public usually has a receptive attitude toward any novelty whatsoever.

In the decade of the 1970s, a short while before the end of Franco's dictatorship, there came on the scene a few photographers who began to record, in a systematic fashion, Spain's rich stock of popular fiestas. They are Koldo Chamorro, Cristina García Rodero, Cristóbal Hara (all represented in this exhibition), and Fernando Herráez, who in 1973 began his series "Iberian Rituals," and Ramón Zabalza, who, beginning in 1974, focused on Gypsies and the world of bullfighting. Other photographers, some represented in this exhibition, worked along these similar lines.

Alongside these documentarians were photographers devoted to capturing character types and landscapes. In addition there were the reporters, who were the immediate followers of those photojournalists who worked during the transition period and are still active: Manuel Armengol, Pilar Aymerich, Josu Bilbao, Carlos Bosch, Gustavo Catalán, Pepa Flores, Pablo Neustadt, Bernardo Pérez, Jordi Socias, and Víctor Steinberg. The profession of the photojournalist is still not sufficiently recognized, for it is only in extreme circumstances that one stops to take notice of these photographers' names. Such was the case for Manuel P. Barriopedro (b. 1947), who immortalized the grotesque figure of Colonel Tejero (b. 1932) brandishing his pistol during his February 23, 1981, assault upon Congress; or of official El País photographer Juantxu Rodríguez (1957–1989), when he stumbled across death, shot down in Panama by North American soldiers on December 21, 1989.

Popular fiestas represent an important aspect of Spanish life, and in number and vitality they continue to exercise a greater presence in Spain than in the rest of the Mediterranean countries. This phenomenon comprises manifestations of in most cases religious origin, but with profound roots in the popular culture, which transcends the liturgical, and with origins so far back that they antedate Christianity. Carnivals have come back, after having long been prohibited; Cristina García Rodero makes photographic studies of them. She, along with Koldo Chamorro, presents images of processions, mainly those of Easter week, and of other fiestas having as much to do with the religious calendar as with the labors of the countryside or the rhythm of nature. There also appear certain aspects of the rituals and ceremonies related to the cult of the dead, so typical of foggy Galicia.

Quite naturally, there is no lack of photographs depicting the eminently Spanish spectacle of bullfighting, although nowadays soccer draws the largest audiences and has become the national sport. Koldo Chamorro depicted tauromachy in the ring itself, and during the San Fermín festivals of July, in Pamplona.

Clemente Bernad, Cristina García Rodero, and Cristóbal Hara have all captured the fiesta in various regions of Spain, in cities and small towns, and in the variants of tauromachy, such as the corrallings or running of the bulls to the sea.

There are many other facets to these fiestas. In the Basque Country and Navarre are the contests of physical prowess and skill captured by Carmelo Alcalá Ezquerro: *aizkolaris* and *sokatira*, in which the contestants show off their strength by chopping huge logs and lifting huge stones, or in tugs of war. Other fiestas, much more widespread and common all along the eastern coast, are those of the Christians and Moors—the subject of another photographic study by Carmelo Alcalá Ezquerro—which with colorful parades redolent of gunpower recollect the eight centuries of skirmishes.

In addition to fiestas, everyday life and the workaday world afford very different perspectives. As is true throughout the world, there exist differences between city and countryside, between north and south. Incorporated into the European Community in 1988, Spain will enter the Common Market in 1993—a situation difficult for a country affected by unemployment. In only a few years, Spanish workers have ceased to provide a cheap labor force in foreign countries, competing instead on their own soil and even bringing in workers from outside—specialized European technicians and illegal immigrants, mostly from Africa, to take on the lowest paying jobs.

Nevertheless, there are still workers who leave Spain for temporary agricultural jobs, especially during the grape harvests in southern France. Carlos de Andrés photographed these itinerant workers. In Andalusia the ownership of fertile land by a relative few means that many country folk do not own their own fields. Thus, there are numerous day laborers available for sporadic employment. Clemente Bernad has recorded these workers, who represent a work force that is available at any price.

With forceful and dramatic subjective vision, Juan Manuel Díaz Burgos and Juan Manuel Castro Prieto photographed different people in their working environments. Marta Povo documented Barcelona artisans over the course of three years. She also created a series devoted to spas in Catalonia, which have come to possess a certain importance. Such establishments are numerous throughout Spain, and they correspond to the geologic diversity of the peninsula. This diversity is also indicated in the selection of views captured by Jaume Blassi, although the variety of Spanish vistas possible is almost inexhaustible.

Xurxo Lobato and Manuel Sendón show us their native Galicia. The former focuses on various items, such as little shops in small towns, local fairs, popular beaches, and the humble homes of fishermen. The latter creates examples of photographic murals in an unusual admixture of kitsch decor.

Arcadia is now nearly impossible to find—although captured in Cristina García Rodero's *On the Threshing Slopes*—because unmechanized agriculture has almost disappeared. In contrast, there is urban life. Alejandro Sosa Suárez finds subject matter in desolate lots on the outskirts of Seville which are representative of urban expansion. Carlos Cánovas captures the silence of Barcelona suburb El Vallès Oriental, while Manolo Laguillo provides a record of sites under construction, such as the grounds of the upcoming Olympics in Barcelona. Together with the World's Fair in Seville and Madrid's status as the cultural capital of Europe, the Olympics constitutes one of the grand events planned for 1992. In anticipation of a year in which Spain will be the focus of the world's attention, a new high-speed train that corresponds to the rail system that exists in other European countries will go into operation, thus ending a mechanical incompatibility that contributed to Spain's isolation. The new train is another emblematic work that will improve the infrastructure of a country that still has to update itself in many respects, including public health—a topic treated by Carlos de Andrés.

Spain's largest cities share many traits common to the rest of Europe. Some of the men and women depicted by Humberto Rivas are typical of any urban European inhabitants. Punk culture and gangs exist and, as the work of Alberto García Alix documents, there are rock groups and motorcycle gangs as well.

Gypsies habitually put down stakes in rural areas or on the outskirts of cities. Juan Manuel Díaz Burgos recorded this ethnic minority, who best express themselves in their music and Flamenco dance. Flamenco, the true expression of a marginal minority, who reside mostly in Andalusia, is nevertheless not exclusive to the Gypsies. The forms of their music reach back to remote Near Eastern origins (Moors and Jews), and there exist Flamenco artists (*payos*) who are not Gypsies, just as there are white proponents and interpreters of jazz. Flamenco is a cultural manifestation that has crossed Spain's borders as a phenomenon comparable only to jazz.

Among recent events that have had popular resonance was the burial in Madrid of "la Pasionaria"; Clemente Bernad captured the moment visually. And Carlos de Andrés recorded the sympathetic reception of Raisa Gorbachev, recently welcomed in Madrid.

In only a few years, Spaniards have been achieving basic rights already shared by the majority of European countries: divorce, the abolishment of the death penalty, the right to strike, the partial relaxation of laws prohibiting abortion; and ground is being prepared for legislation concerning conscientious objection. Women's equality is being achieved one step at a time. Although Carlos de Andrés in 1990 underscored the double duty that befalls women who are integrated into the workplace, at least the position of the male has changed. It is not odd, especially in cities, to see a man toting a shopping bag or pushing a stroller—activities inconceivable during the Franco years.

In matters of documentary photography, certain artists go after very specific topics: popular fiestas, certain professional activities, a certain urban atmosphere, etc., which come to constitute an indisputable documentary corpus. In the majority of cases, however, the batch of images of daily life (in the subjects treated here) are isolated images whose interpretation depends on the use assigned to them. Both written commentary and the accumulation of images from different sources will impose a different meaning according to who applies them. All in all, the present kaleidoscope of images presents a variety of aspects of everyday Spanish reality, in a moment of profound change, although despite that, some inalienable traits are never abandoned.

What has been and is the role of photography in such a rapid evolution? Early on, photography functioned in a Spain that was isolated from the rest of Europe, suffering civil wars and a string of military takeovers, and that had scant experience in the area of civil liberties. This situation was unfavorable for the development of independent documentary photography.

First, photographers sought out the picturesque character of the folk, for that had commercial value outside of Spain and this market was more or less dictated by foreign tourists in Spain or by the pictorialist photographers of the early twentieth century. Second, Franco's dictatorship and the Catholic Church promoted the religious aspect of the country and rejected examination of social realities. A handful of photographers were able to focus their attention on the streets, and on the rigorous gathering of images of what was in the most profound sense popular expression. The persistent value of these documents was further nourished by the roots of a populace that was then, in greatest measure, rural, with an industrial development that was slower than in the rest of Western Europe. The rapid transformation of the past years suggests that the time has come for documentary photography of new areas of activity; circumstances favor the development of an independent press photography that would be able to encompass not only historical events, but also reflections of everyday life. If photography has not played a causal part in Spain's evolution, it can now aspire to being the visual documentary evidence of the country's transformation.

THE PHOTOGRAPHERS (LOS FOTÓGRAFOS)

CARMELO ALCALA EZQUERRO

According to Carmelo Alcalá Ezquerro, one of his great passions is recording human themes as represented in the customs and rural lifestyles of Euskadi, the Basque Country. Located near the Bay of Biscay, Euskadi is made up of seven provinces: Guipúzcoa, Vizcaya, Alava, and Navarre in Spain, and Soule, Basse-Navarre, and Labourd in France. The people of Euskadi are believed to be the descendants of earlier inhabitants dating back to at least 10,000 B.C. They are proud of their unique language, Euskera, whose origin is a mystery, and which is among the most ancient languages in Europe.

This selection of photographs constitutes an ethnographic document of rural Basque sports. In a direct photojournalistic style, Alcalá Ezquerro depicts the *aizkolaris* (lumberjack events), the *sokatira* (tug-of-war), the *idi-proba* (stone-dragging), and the *harrijasotzaile* (stone-lifting) events. These competitive games are believed to have derived from betting on labor-related activities. In stone-dragging, oxen are used to pull weights a measured distance, emulating similar tasks in the quarries. Also derived from quarry labor is stone-lifting, in which the competitors are required to lift and drop, several times, stones that can weigh up to three hundred kilograms. The lumber industry of the Basque Country produced other sports such as ax and cross-saw cutting. Of particular pride to the smaller communities is the tug-of-war, which requires a coordinated team effort. Rather than measuring speed or distance, these games test strength and endurance, qualities much valued in Basque culture. Alcalá Ezquerro's familiarity with and proximity to the subject takes us into the spectator's arena for these competitions that are older than memory.

El mismo Carmelo Alcalá Ezquerro afirma que una de sus pasiones consiste en captar los temas humanos tal como éstos se manifiestan en las costumbres y modos de vida rurales de Euskadi, el País Vasco. Situado cerca del Golfo de Vizcaya, Euskadi se compone de siete provincias: Guipúzcoa, Vizcaya, Alava y Navarra, en España; y Soule, Basse-Navarre y Labourd, en Francia. Se cree que las gentes de Euskadi son descendientes de antiguos habitantes cuyo pasado se remonta a diez mil años antes de Cristo, por lo menos. Están orgullosos de su idioma tan singular, el euskera, cuyo origen sigue siendo un misterio y que figura entre los más antiguos de Europa.

Esta selección de fotografías constituye un documento etnográfico del deporte rural vasco. En un estilo directo de fotoperiodista, Alcalá Ezquerro pinta los *aizkolaris* (para cortadores de árboles), la *sokatira* (en que los dos equipos tiran de la soga), la *idi-proba* (arrastre de la piedra) y el *harrijasotzaile* (en que se levantan piedras inmensas). Se cree que estos juegos competitivos tienen su origen en las apuestas relacionadas con las labores campesinas. En el arrastre de la piedra se utilizan los bueyes para tirar de objetos de enorme peso hasta una cierta distancia, imitando así las tareas de los canteros. Tiene igualmente su raíces en las tareas de los canteros el levantamiento de la piedra, en el cual los competidores tienen que levantar y dejar caer en repetidas ocasiones piedras que pesan a veces hasta trescientos kilos. La industria maderera del País Vasco nos ha legado deportes basados en la destreza en el uso de la sierra, el hacha y el segur. La *sokatira*, quizá porque requiere un esfuerzo coordinado entre los individuos de cada equipo, produce gran orgullo entre las comunidades más pequeñas. Estos juegos son pruebas, en efecto, de la fuerza y el aguante de los competidores—cualidades que son muy estimadas en la cultura vasca—en contraste con la rapidez o el alcance, por otro lado. La familiaridad que siente Alcalá Ezquerro con su tema y su manera de aproximarse a él nos meten en el ámbito mismo del espectador de estos juegos competitivos, más antiguos de lo que seamos capaces de recordar.

CARMELO ALCALA EZQUERRO

Lumberjack Events, Vertical Cut (Aizkolaris, Corte Vertical), 1990
Silver gelatin print (Copia al gelatino bromuro de plata); 16 x 12 in. (40.7 x 30.5 cm)

CARMELO ALCALA EZQUERRO

The Last Effort (*Ultimo Esfuerzo*), 1991
Silver gelatin print (Copia al gelatino bromuro de plata); 16 x 12 in. (40.7 x 30.5 cm)

CARMELO ALCALA EZQUERRO

Detail of the Two-handed Saw Cutting Event (*Detalle de la Tronza*), 1990
Silver gelatin print (Copia al gelatino bromuro de plata); 12 x 16 in. (30.5 x 40.7 cm)

CARMELO ALCALA EZQUERRO

Maximum Effort (*Máximo Esfuerzo*), 1990
Silver gelatin print (Copia al gelatino bromuro de plata); 12 x 16 in. (30.5 x 40.7 cm)

CARMELO ALCALA EZQUERRO

Preparations (*Preparativos*), 1990
Silver gelatin print (Copia al gelatino bromuro de plata); 12 x 16 in. (30.5 x 40.7 cm)

CARMELO ALCALA EZQUERRO

Tug-of-war (Sokatira), 1990
Silver gelatin print (Copia al gelatino bromuro de plata); 12 x 16 in. (30.5 x 40.7 cm)

CARMELO ALCALA EZQUERRO

The Wait (*La Espera*), 1990
Silver gelatin print (Copia al gelatino bromuro de plata); 12 x 16 in. (30.5 x 40.7 cm)

CARMELO ALCALA EZQUERRO

Lumberjack Events—Two Generations (*Aizkolaris—Dos Generaciones*), 1988
Silver gelatin print (Copia al gelatino bromuro de plata); 12 x 16 in. (30.5 x 40.7 cm)

CARMELO ALCALA EZQUERRO

Inspection of Hands and Feet (*Revisión de Pies y Manos*), 1990
Silver gelatin print (Copia al gelatino bromuro de plata); 12 x 16 in. (30.5 x 40.7 cm)

CARMELO ALCALA EZQUERRO

Lumberjack Events (Aizkolaris), 1990
Silver gelatin print (Copia al gelatino bromuro de plata); 16 x 12 in. (40.7 x 30.5 cm)

CARMELO ALCALA EZQUERRO

Horizontal Cut (Corte Horizontal), 1988
Silver gelatin print (Copia al gelatino bromuro de plata); 12 x 16 in. (30.5 x 40.7 cm)

CARLOS DE ANDRES

Carlos de Andrés is an award-winning photojournalist who works for *EL SOL*, a Madrid newspaper which resumed publication during the recent publishing boom in Spain. A renowned Republican newspaper before the Civil War, *EL SOL*, like many other publications, was appropriated and closed in the late 1930s by Franco's regime.

In the present climate of press freedom, de Andrés is one of a new generation of openly critical photojournalists who confront issues that were previously censored. For the 1990 *EL SOL* article "La potencia del sexo débil" (The Strength of the Weaker Sex), de Andrés explores the relationship between men and women in the changing Spanish society. In the photograph, a man is comfortably seated in his living room, reading, while a woman prepares food in the kitchen. A wall separating the two rooms bisects the image, suggesting two separate photographs—a metaphor for two distinct worlds. The accompanying text explains that although women advance in the work force along with male colleagues, they remain responsible for the traditional household chores while men come home to rest.

De Andrés's 1987 series on the punk culture of Madrid was as much a personal project as a documentary essay. The photographer goes beyond the stereotypical image of the punks, as exemplified in the image of a young man having his spiky hair carefully arranged by a companion.

These reportages are more than descriptive pictures with news interest. They show how important issues in society affect people in their daily lives. De Andrés does not condemn or pass judgment. Rather, he presents the subject with a compassion and authenticity reminiscent of the *Life* magazine essays by W. Eugene Smith (North American, 1918–1978).

Carlos de Andrés ha sido premiado por sus trabajos de fotoperiodismo, siendo un empleado en *EL SOL*, periódico madrileño que ha vuelto a surgir durante el reciente boom editorial en España. *EL SOL*, reconocido como un periódico republicano de antes de la Guerra Civil, fue expropiado y cerrado por el régimen franquista a finales de los años '30, como ocurrió también con otras muchas publicaciones.

Bajo el actual clima de libertad de prensa, Carlos de Andrés es parte de una nueva generación de fotoperiodistas abiertamente críticos quienes se encaran a los asuntos que previamente se censuraban. Para realizar su artículo "La potencia del sexo débil" para *EL SOL* (1990), exploró la relación entre hombres y mujeres dentro del contexto social de una España en trance de cambio. En una fotografía vemos a un señor que está sentado en su salón, absorbido en sus lecturas, mientras que una mujer le prepara la comida en la cocina. Una pared entre las dos habitaciones divide la imagen en dos partes iguales, con lo cual tenemos la sugerencia de dos fotografías independientes, como una metáfora de dos mundos diferentes. El texto que acompaña la imagen nos explica que las mujeres siguen siendo los seres responsables de las labores dómesticas tradicionales, mientras que los hombres llegan de su trabajo a casa para descansar, aunque ellas hayan logrado avanzar en el mundo del trabajo al lado de sus colegas varones.

Cuando en 1987 Carlos de Andrés realizó su serie sobre la cultura punky madrileña, aquélla constituía tanto un proyecto personal como un ensayo documental. El fotógrafo excede la imagen estereotipada que tenemos de los punkys, lo cual se evidencia en la de un joven a quien otro personaje de su estirpe le arregla cuidadosamente el pelo en punta.

Estos reportajes van más allá de la imagen descriptiva que nos interesa por su valor de noticia. Demuestran, en cambio, cómo los asuntos de importancia para la sociedad pueden afectar a la gente en el curso de su vida cotidiana. Este fotógrafo no condena; tampoco pasa juicio. En lugar de hacer eso nos presenta su tema con una compasión y una autenticidad que nos recuerdan los ensayos que preparó W. Eugene Smith (norteamericano, 1918–1978) para la revista *Life*.

CARLOS DE ANDRES

Untitled, Madrid, from the series *10 Years of Punk Counter-Culture* (*Sin Título*, Madrid, de la serie *10 Años de Contracultura Punky*), 1987
Silver gelatin print (Copia al gelatino bromuro de plata); 16 x 12 in. (40.7 x 30.5 cm)

CARLOS DE ANDRES

Untitled, Madrid, from the series *10 Years of Punk Counter-Culture* (*Sin Título*, Madrid, de la serie *10 Años de Contracultura Punky*), 1987
Silver gelatin print (Copia al gelatino bromuro de plata); 12 x 16 in. (30.5 x 40.7 cm)

CARLOS DE ANDRES

Untitled, Madrid, from the series *10 Years of Punk Counter-Culture* (*Sin Título*, Madrid, de la serie *10 Años de Contracultura Punky*), 1987
Silver gelatin print (Copia al gelatino bromuro de plata); 16 x 12 in. (40.7 x 30.5 cm)

CARLOS DE ANDRES

Untitled, Madrid, from the series *10 Years of Punk Counter-Culture* (*Sin Título*, Madrid, de la serie *10 Años de Contracultura Punky*), 1987
Silver gelatin print (Copia al gelatino bromuro de plata); 12 x 16 in (30.5 x 40.7 cm)

CARLOS DE ANDRES

Untitled, Madrid, from the series *10 Years of Punk Counter-Culture* (*Sin Título*, Madrid, de la serie *10 Años de Contracultura Punky*), 1987
Silver gelatin print (Copia al gelatino bromuro de plata); 16 x 12 in. (40.7 x 30.5 cm)

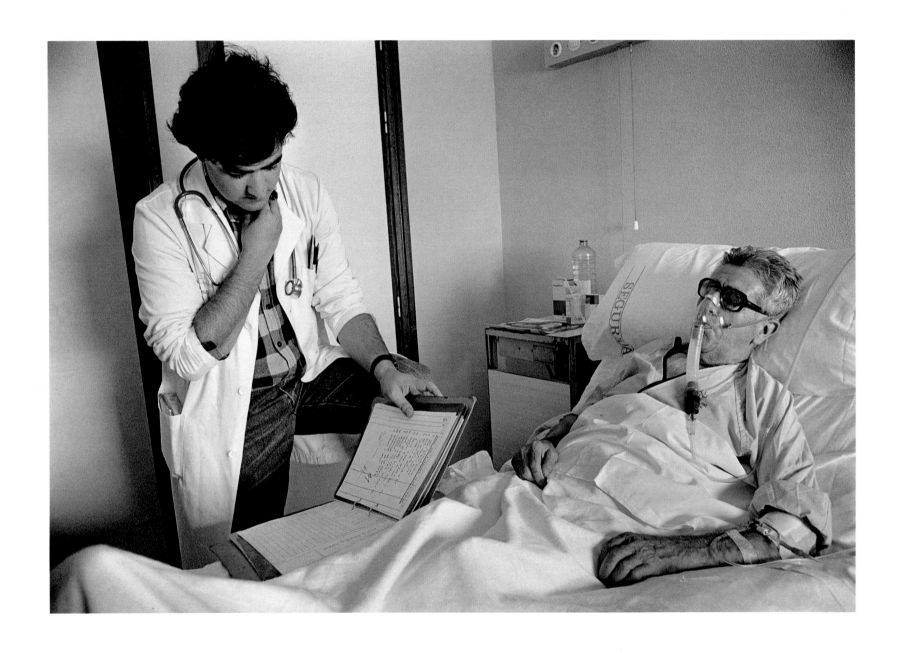

CARLOS DE ANDRES

Untitled, from the article "Paying the way they do in Europe" (on cost of health care) (*Sin Título*, del artículo "Pagar como en Europa"), 1987
Silver gelatin print (Copia al gelatino bromuro de plata); 12 x 16 in. (30.5 x 40.7 cm)

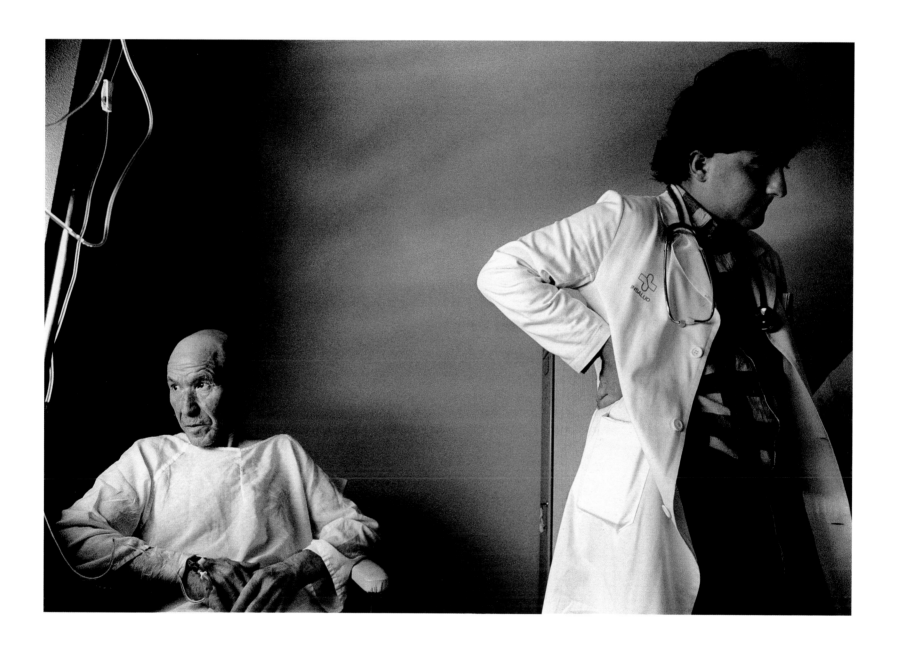

CARLOS DE ANDRES

Untitled, from the article "Paying the way they do in Europe" (on cost of health care) (*Sin Título*, del artículo "Pagar como en Europa"), 1987
Silver gelatin print (Copia al gelatino bromuro de plata); 12 x 16 in. (30.5 x 40.7 cm)

CARLOS DE ANDRES

Untitled, from the article "The Strength of the Weaker Sex" (*Sin Título*, del artículo "La potencia del sexo débil"), 1990
Silver gelatin print (Copia al gelatino bromuro de plata); 12 x 16 in. (30.5 x 40.7 cm)

Tema de la Semana

▼
Las nuevas españolas

❖ **En los últimos años** las mujeres han conseguido más cargos en la política, mejores puestos de trabajo y compartir las tareas del hogar con sus maridos. Pero no cobran lo mismo que los hombres, ni tienen las mismas opciones para brillar en su profesión, a pesar de obtener mejores notas en sus estudios. El Plan de Igualdad de Oportunidades para la Mujer, que finaliza el 31 de diciembre, no ha bastado para erradicar la discriminación.

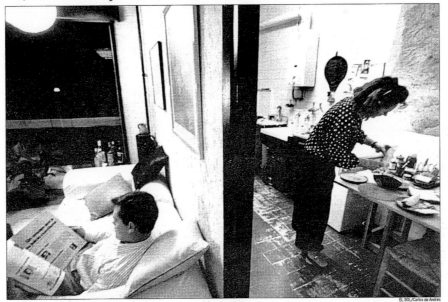

EL SOL/Carlos de Andrés

En las parejas donde los dos trabajan, la mujer dedica dos horas y media más que el hombre a las tareas del hogar.

La potencia del sexo débil

Aunque persisten algunas discriminaciones, la mujer gana peso en la sociedad año a año

Almudena Díez

L a mujer española ha entrado en la década de los noventa con mejor pie que en la anterior. Estudia más y saca mejores notas que el hombre, consigue trabajos más dignos que hace unos años, ocupa algunos altos cargos en la Administración. Incluso algunas han conseguido que sus maridos cooperen en las labores del hogar.

Por fin, parece que la mujer es algo más que una amante esposa, madre abnegada y perfecta ama de casa. Y se ha librado de la condena a la belleza que le impuso Kant cuando dijo que "una mujer se preocupa poco por no poseer ciertas altas capacidades de comprensión intelectual, por ser tímida o no adecuada para ocupaciones serias; es bella y cautivadora y eso es suficiente".

Carmen Rico Godoy, escritora y periodista, autora del manual *Cómo ser mujer y no morir en el intento*, afirma que todavía subsiste en muchos hombres una actitud muy peligrosa y es querer volver a la imagen de la mujer "muy guapa, muy atractiva y muy callada para organizar en torno a ella un mundo de placer y comodidad". Ésta es la faceta femenina más explotada en los spots publicitarios: la que convierte a la mujer en un objeto de deseo.

Las desigualdades están a la orden del día. "La discriminación habrá desaparecido cuando ya nadie tenga que emplear esa palabra", afirma Carlota Bustelo, militante feminista y una de las principales impulsoras de la famosa cuota del 25% de cargos importantes para las mujeres dentro del partido socialista.

Las últimas cifras publicadas por el Instituto de la Mujer, y que sirven para demostrar el grado de cumplimiento del Plan para la Igualdad de Oportunidades para las Mujeres, cuyo plazo finaliza el próximo 31 de diciembre, demuestran que la mujer está mejor que hace unos años, pero todavía lejos del hombre.

Menos sueldo

Las diferencias empiezan en el trabajo, siguen en los lugares públicos y terminan en el hogar. Según los datos manejados por el instituto, las trabajadoras ganan hasta un 20% menos que el hombre, aun cumpliendo las mismas funciones.

Sólo hay una mujer por cada nueve hombres que ocupe un alto cargo en la Administración central. En los gobiernos autonómicos, esa proporción es aún menor, el 6,1%.

Cuando llegan a casa, tras una dura jornada de trabajo, emplean unas tres horas en limpiar, lavar la ropa y preparar la comida, mientras sus maridos apenas dedican media hora a las tareas caseras. Y el

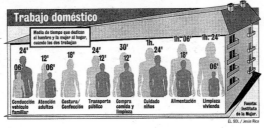

Trabajo doméstico

Media de tiempo que dedican al hombre y la mujer al hogar, cuando los dos trabajan

24'	12'	18'	24' 12'	30'	12'	24'	18'	1h. 24'
06'	06'			1h.				06'
Conducción vehículo familiar	Atención adultos	Costura/ Confección	Transporte público	Compra comida y limpieza	Cuidado niños	Alimentación	Limpieza vivienda	

Fuente: Instituto de la Mujer.

EL SOL / Jesús Rica

☞ Pasa a la página 4

EL SOL

Edita: Compañía Europea de Comunicación e Información, S.A.

Raisa rompe el protocolo y saluda a unos jóvenes en plena calle.

EL SOL/Carlos de André

Gorbachova 'arraisa' Madrid

Mientras la 'zarina' pisa con garbo, a su marido lo aclaman como torero

CARLOTA LAFUENTE/
JUAN A. NICOLAY.–*Madrid*

COMO todas las primeras damas que visitan Madrid, Raisa Gorbachova se vio envuelta ayer en un ajetreado *tour* cultural por la ciudad. Visitó el Prado, el Casón del Buen Retiro y la estatua de Cervantes, pero... ¿Le preguntó alguien si no hubiera preferido ir de compras?

Ángel Matanzo, tuvo que ser él, fue el único que ofreció un respiro a la dama, atrapada en las redes del protocolo. El castizo concejal del distrito Centro se encontró a media mañana con Raisa paseando bajo el balcón de su despacho de la Plaza Mayor y, sin dudarlo, se apresuró a ejercer de anfitrión.

Dispuesto a mostrarle lo mejor de su feudo, le explicó la historia de la plaza y se la llevó de tapas a un mesón, donde departió un rato con el dueño. Tras dar buena cuenta de un chato de vino y unos taquitos de jamón, la distinguida clienta mostró su gratitud con sendos brindis por Rusia y por España, que fueron recibidos entre aplausos.

Raisa, para entonces, ya había cometido algunas pequeñas travesuras. De camino hacia el Museo del Prado, convenció a su chófer para que hiciera un alto en la Plaza de España. No quiso perderse las estatuas de Don Quijote y Sancho Panza, ni tampoco dejar de saludar a varios jóvenes que le tendieron la mano en plena calle.

Raisa se entregó por completo a sus fans madrileños. A la salida del Casón del Buen Retiro accedió, al igual que su acompañante la reina Sofía, a posar para una foto junto a un trío de muchachas, entusiasmadas con su fotogénica suerte.

Una de ellas se llevó además de la foto una anécdota que contar. El susto que le dio uno de los escoltas cuando le tiró del brazo para apartarla mientras que del otro tiraba, con más delicadeza, seguro, la reina Sofía.

Su marido, Mijaíl, tampoco se quedó a la zaga y recibió con sonrisas los gritos de "torero, torero", que le prodigaban sus admiradores a la salida del Congreso de los Diputados. Raisa y el líder soviético recorrieron los pasillos del Congreso saludando en ruso a los periodistas.

La primera dama soviética acababa de dejar patentes los aires aperturistas que soplan por su tierra mientras contempla el *Guernica* de Picasso. Raisa, no contenta con la reciente caída del muro de Berlín, dio muestras de disconformidad con la mampara que protege la pintura. El ministro de Cultura, que la acompañaba, la tranquilizó de inmediato anunciando la próxima retirada de tan incómoda barrera.

A Raisa, la verdad, le molestaba todo. Todo aquello que impidiera la contemplación de las muchas obras de arte que desfi-

El concejal Ángel Matanzo se llevó de tapas a la primera dama soviética.

EFE

Raisa, acompañada por la Reina y el ministro de Cultura en el Museo del Prado.

EFE/D. Mondelo

laron ante sus ojos a lo largo del día. Frente a las Meninas de Velázquez pidió a los periodistas que apagaran sus focos para no desvirtuar la belleza del lienzo.

Velázquez, el Greco y Goya componían el menú que devoró Raisa Gorbachova en 50 minutos de visita por el Prado. No hubo tiendas, pero sí una referencia a los trapos. *Maja desnuda o maja vestida.*

A Raisa le preguntaron qué maja prefería ver en Leningrado a cambio de la *Mona Lisa* de Leonardo da Vinci, cedida temporalmente por el Ermitage a la pinacoteca madrileña. Ella, vestida con traje de chaqueta gris y blusa negra contestó picaramen-

te que "la mejor variante serían las dos". La primera dama soviética no pudo ocultar su cansancio y se sentó en un banco del Prado frente a la *Familia de Carlos IV*. De lo que no se cansó es de las continuas muestras de simpatía que le ofrecieron los madrileños en sus salidas de protocolo.

Ángel Matanzo le mostró lo mejor de su feudo y le invitó a unas tapas en un mesón

No hubo tiendas, pero sí una referencia a los trapos: maja desnuda o maja vestida

CARLOS DE ANDRES

Untitled, from the article "Raisa Gorbachev 'arraisa' (play on word 'arrives') in Madrid" (*Sin Título*, del artículo "Gorbachova 'arraisa' Madrid"), 1990
A page from the October 27, 1990, *EL SOL* newspaper (Una página del periódico *EL SOL* del 27 de octubre de 1990); 17½ x 11½ in. (44 x 28.5 cm)

CARLOS DE ANDRES

Untitled, from the article "Raisa Gorbachev 'arraisa' (play on word 'arrives') in Madrid" (*Sin Título*, del artículo "Gorbachova 'arraisa' Madrid"), 1990
Silver gelatin print (Copia al gelatino bromuro de plata); 12 x 16 in (30.5 x 40.7 cm)

CLEMENTE BERNAD

Clemente Bernad belongs to a new generation of street photographers who can attribute their influence to a group of image-makers—among them Koldo Chamorro and Cristina García Rodero—who reached artistic maturity after the death of Franco. Like these photographers, Bernad imbues his work with symbols and metaphors derived from Spanish culture. His work consists of tightly choreographed personal glimpses of a somber and mysterious reality that one can smell, hear, and feel.

Parallel to the documentary work in Valencia in 1950 by Robert Frank (Swiss, b. 1924), Bernad records with a surreal quality the flow of quotidian life, frozen in time. In one image, from a series on day laborers, an arm protruding from a train window appears to be trapped between two realities—a wooded landscape and its reflection in the glass. It is a metaphor for the transient life of the day laborer. Similarly, in another photograph, a man enveloped in a glowing light crouches in a corner of a darkened room. In the window beside him a sinister shadow looms, perhaps a premonition of things to come.

In addition to juxtaposing and layering numerous visual elements within the photographic frame, as in the work of Gilles Peress (French, b. 1946), Bernad presents viewers with a visually challenging space. At first, these photographs unsettle us—a horse appears to balance atop a person's head, a child seems to walk on the palm of an outstretched hand, and a floating hand appears to sport a hat. This multiplicity of visual relationships, as enigmatic as they are revealing, mirrors the complex and contradictory nature of contemporary Spain.

Clemente Bernad pertenece a una nueva generación de fotógrafos callejeros, quienes, podría decirse, muestran la influencia de un grupo de autores de la imagen—Koldo Chamorro y Cristina García Rodero entre ellos—que alcanzaron su madurez artística después de la muerte de Franco (1975). Como ellos, Bernad infunde su obra de símbolos y metáforas derivados de la cultura española. Conforma su obra con atisbos personales cuidadosamente coreografiados, derivados de una realidad sombría y misteriosa que se puede oír, oler y palpar.

Bernad capta una cualidad surrealista en el flujo de la vida cotidiana, que parece congelada en el tiempo; así, su obra corre pareja con la obra documental de Robert Frank (n. 1924, Suiza), realizada en 1950 en Valencia. En una imagen que pertenece a una serie realizada sobre los obreros, un brazo que se extiende hacia fuera de la ventana de un tren parece estar atrapado entre dos realidades: un paisaje de bosques y el reflejo de este mismo paisaje en el cristal. Sirve de metáfora de la vida itinerante del obrero. Del mismo modo, en otra fotografía una figura aparece como amortajada en una luz brillante mientras se agacha en un rincón. En la ventana, a su lado, surge una sombra siniestra, mal agüero quizá de lo que está por venir.

Bernad ofrece al espectador un espacio que lo estimula a nivel visual, además de colocar en yuxtaposición y a distintos niveles los numerosos elementos visuales, como suele ocurrir en la obra de Gilles Peress (francés, n. 1946). A primera vista nos aturden estas fotografías: un caballo parece balancearse encima de la cabeza de una persona; un niño parece caminar en la mano de alguien; una mano flotante parece llevarse un sombrero puesto. Esta multiplicidad de relaciones visuales, tan enigmáticas como reveladoras, reflejan el modo de ser contradictorio y complejo de la España contemporánea.

CLEMENTE BERNAD

Untitled, Madrid (*Sin Título*, Madrid), 1989
Silver gelatin print (Copia al gelatino bromuro de plata); 16 x 12 in. (40.7 x 30.5 cm)

CLEMENTE BERNAD

Untitled, Ronda, Málaga, from the series *Itinerant Workers* (*Sin Título*, Ronda, Málaga, de la serie *Jornaleros*), 1989
Silver gelatin print (Copia al gelatino bromuro de plata); 12 x 16 in. (30.5 x 40.7 cm)

CLEMENTE BERNAD

Untitled, Valverde del Camino, Huelva (*Sin Título*, Valverde del Camino, Huelva), 1990
Silver gelatin print (Copia al gelatino bromuro de plata); 12 x 16 in. (30.5 x 40.7 cm)

CLEMENTE BERNAD

Untitled, Pamplona (*Sin Título*, Pamplona), 1987
Silver gelatin print (Copia al gelatino bromuro de plata); 16 x 12 in. (40.7 x 30.5 cm)

CLEMENTE BERNAD

Untitled, Marinaleda, from the series *Itinerant Workers* (*Sin Título*, Marinaleda, de la serie *Jornaleros*), 1990
Silver gelatin print (Copia al gelatino bromuro de plata); 12 x 16 in. (30.5 x 40.7 cm)

CLEMENTE BERNAD

Untitled, Marinaleda, from the series *Itinerant Workers* (*Sin Título*, Marinaleda, de la serie *Jornaleros*), 1990
Silver gelatin print (Copia al gelatino bromuro de plata); 12 x 16 in. (30.5 x 40.7 cm)

CLEMENTE BERNAD

Untitled, El Borge, Málaga, from the series *Itinerant Workers* (*Sin Título*, El Borge, Málaga, de la serie *Jornaleros*), 1989
Silver gelatin print (Copia al gelatino bromuro de plata); 12 x 16 in. (30.5 x 40.7 cm)

CLEMENTE BERNAD

Untitled, Vitoria (*Sin Titulo*, Vitoria), 1990
Silver gelatin print (Copia al gelatino bromuro de plata); 12 x 16 in. (30.5 x 40.7 cm)

CLEMENTE BERNAD

Untitled, Marinaleda, from the series *Itinerant Workers* (*Sin Título*, Marinaleda, de la serie *Jornaleros*), 1990
Silver gelatin print (Copia al gelatino bromuro de plata); 12 x 16 in. (30.5 x 40.7 cm)

JAUME BLASSI

Jaume Blassi's photographs of Spanish landscapes are as breathtaking as their subjects. Choosing not to photograph a populous social environment, the photographer documents instead the dramatic diversity of the Spanish countryside which for centuries has fascinated and inspired artists and writers. Much of what is Spain is presented here. Blassi's meticulously crafted color prints record the fertile soil and lushness of an olive grove in Toledo, a white-washed Andalusian village resting in an undulating landscape in Córdoba, trees in bloom in Cáceres, cloud-shrouded mountains in Huesca, a serpentine road in the Pyrenees weaving its way through a terrain ablaze with fall colors, and the weather-eroded rock formations of the Torcal Mountains.

At first glance, the brilliant colors emanating from these images bring them dangerously close to calendar or postcard art. Yet, like in the work of the North American photographers Eliot Porter (1901–1990) and Joel Meyerowitz (b. 1938), it is the photographer's command of the craft and medium that keeps the work from crossing this line. With an awareness of the seductive quality of color and light, Blassi disarms the viewer, making it impossible not to accept the majesty of the scenes. In the end, he manages to convey a sense of wonder for the variety and beauty of the Spanish landscape.

Las fotografías de Jaume Blassi que recogen como tema el paisaje español nos sobrecogen tanto como los temas tal como son en la realidad misma. El fotógrafo ha optado por no representar un ambiente social poblado de individualismos, sino por el contrario documentar en cambio la diversidad dramática del paisaje español que a lo largo de siglos ha fascinado e inspirado a artistas y escritores. Mucho de lo que es España está aquí. Las imágenes de Blassi, meticulosamente acabadas en color, nos recuerdan la tierra fértil y la lozanía de un olivar toledano, una aldea andaluza blanqueada dormida dentro del ondulante paisaje cordobés, árboles en flor en Cáceres, montañas en Huesca con su vestidura de nube, el camino que serpentea por los Pirineos entretejiéndose entre unos terrenos relucientes de colores otoñales, y las formaciones pétreas del Torcal roídas por el tiempo.

Los colores que emanan de estas imágenes a primera vista las acercan peligrosamente al arte del calendario o de la tarjeta postal. Sin embargo, como ocurre en los casos de las obras de los fotógrafos norteamericanos Eliot Porter (1901–1990) y Joel Meyerowitz (n. 1938), lo que hace que estas fotografías no traspasen la frontera hacia esos campos es la forma cómo el fotógrafo domina su propio medio y su artesanía. Blassi, por su alta conciencia de la cualidad seductora de la luz y el color, desarma al espectador, que queda imposibilitado para no acoger la majestuosidad del escenario. Al final logra maravillarnos ante la variedad y la belleza del paisaje español.

JAUME BLASSI

Macizo del Gallinero, Ordesa National Park, Huesca (*Macizo del Gallinero*, Parque Nacional de Ordesa, Huesca), 1980
Silver dye bleach print (Copia Cibachrome); 16 x 20 in. (40.7 x 50.8 cm)

JAUME BLASSI

Spring, Córdoba (*Primavera*, Córdoba), 1975
Silver dye bleach print (Copia Cibachrome); 16 x 20 in. (40.7 x 50.8 cm)

JAUME BLASSI

Urbasa, Navarre (*Urbasa*, Navarra), 1990
Silver dye bleach print (Copia Cibachrome); 16 x 20 in. (40.7 x 50.8 cm)

JAUME BLASSI

Vineyards in Autumn, La Rioja (*Viñedos en otoño*, La Rioja), 1989
Silver dye bleach print (Copia Cibachrome); 16 x 20 in. (40.7 x 50.8 cm)

JAUME BLASSI

Zuheros (Córdoba), 1990
Silver dye bleach print (Copia Cibachrome); 16 x 20 in. (40.7 x 50.8 cm)

JAUME BLASSI

Olive trees, Toledo (*Olivos*, Toledo), 1979
Silver dye bleach print (Copia Cibachrome); 16 x 20 in. (40.7 x 50.8 cm)

114

JAUME BLASSI

Cherry Trees in the Jerte River Valley, Cáceres (*Cerezos en el Valle del Jerte*, Cáceres), 1990
Silver dye bleach print (Copia Cibachrome); 16 x 20 in. (40.7 x 50.8 cm)

JAUME BLASSI

Untitled, Lérida (*Sin Título*, Lleida), 1985
Silver dye bleach print (Copia Cibachrome); 16 x 20 in. (40.7 x 50.8 cm)

JAUME BLASSI

Fresno, Cáceres, 1983
Silver dye bleach print (Copia Cibachrome); 16 x 20 in. (40.7 x 50.8 cm)

JAUME BLASSI

Torcal de Antequera, Jaén, 1987
Silver dye bleach print (Copia Cibachrome); 16 x 20 in. (40.7 x 50.8 cm)

118

JAUME BLASSI

Winter, Córdoba (*Invierno*, Córdoba), 1975
Silver dye bleach print (Copia Cibachrome); 16 x 20 in. (40.7 x 50.8 cm)

CARLOS CANOVAS

In 1990 Carlos Cánovas was commissioned to photograph El Vallès Oriental, a once prosperous industrial district known in the nineteenth century for textile manufacturing. It is located about thirty kilometers north of Barcelona. With the relocation of industry to other areas over a period of time, this once-active factory region has changed character. Today, El Vallès Oriental is slowly becoming a residential area for people wishing to escape the noise and crowds of Barcelona.

Following the nineteenth-century tradition of photographer Charles Marville (French, 1816–1879), who documented the construction of the boulevards in Paris, and Thomas Annan (Scottish, 1829–1887), who recorded the ghettoes of Glasgow, Cánovas has recorded an urban space in transition. Moreover, like Marville and Annan, he has managed to infuse an architectural commission with poetic vision.

What is most evident in Cánovas's work is the sense of desolation evoked by the spaces. As in photographs of Paris by Eugène Atget (French, 1857–1927) and the metaphysical painting of Giorgio de Chirico (Italian, 1888–1978), time stands still. Oblivious of the viewer, these urban spaces enact their own silent drama. The low-angled light, complemented by deep, moody shadows, along with the pristine craftsmanship of the black-and-white printing, sublimely mesmerizes viewers, casting them into the dreamlike landscape. In the piercing silence of these images, the viewer may find a landscape on the edge of past and present, inhabited only by the invisible presence of the photographer.

Carlos Cánovas fue comisionado en 1990 para la realización de unas fotografías del Vallés oriental, distrito que en el siglo XIX gozaba de prosperidad por su industria textil. El Vallés oriental está situado a unos treinta kilómetros al norte de Barcelona. Con el paso del tiempo la industria vino a cambiar de localidad y, como consecuencia, dicha región, tan activa en un pasado, cambió de carácter. Hoy en día el Vallés oriental se va convirtiendo poco a poco en uno de los lugares residenciales para la gente que desea escapar del ruido y del bullicio de Barcelona.

Cánovas ha captado un espacio urbano en transición, lo que le coloca en la tradición fotográfica decimonónica de Charles Marville (francés, 1816–1879) que realizó documentos de la construcción de los bulevares parisinos, y de Thomas Annan (escocés, 1809–1887) que los realizó en los callejones de Glascovia. Es más, tal como en el caso de éstos, Cánovas ha sabido infundir de cierta visión poética su comisión arquitectónica.

Lo que más resalta en la obra de Cánovas es el sentido de desolación que evocan estos espacios. El tiempo se detiene aquí como en las fotografías de París de Eugène Atget (francés, 1857–1927) y en los cuadros metafísicos de Giorgio de Chirico (italiano, 1888–1978). Estos espacios urbanos, inconscientes del espectador que los escruta, representan su drama mudo y propio. La luz oblícua que se complementa con las sombras melancólicas y alargadas, junto con la artesanía intacta de la imagen en blanco y negro, ambas hipnotizan de modo sublime al espectador, y le atraen hacia el interior del paisaje soñoliento. Dentro del penetrante silencio de estas imágenes, el espectador puede encontrar un paisaje que se sitúa en la línea entre pasado y presente, habitado sólo por la presencia invisible del fotógrafo.

CARLOS CANOVAS

Cardedeu, from the series *Vallès Oriental* (*Cardedeu*, de la serie *Vallès Oriental*), 1990
Silver gelatin print (Copia al gelatino bromuro de plata); 22¼ x 18¾ in. (56.5 x 47.6 cm)

CARLOS CANOVAS

Cardedeu, from the series *Vallès Oriental* (*Cardedeu*, de la serie *Vallès Oriental*), 1990
Silver gelatin print (Copia al gelatino bromuro de plata); 22¼ x 18¾ in. (56.5 x 47.6 cm)

CARLOS CANOVAS

Cemetery at Granollers, from the series *Vallès Oriental* (*Cementerio de Granollers*, de la serie *Vallès Oriental*), 1990
Silver gelatin print (Copia al gelatino bromuro de plata); 22¼ x 18¾ in. (56.5 x 47.6 cm)

CARLOS CANOVAS

The Outskirts of Sant Celoni, from the series *Vallès Oriental* (*Alrededores de Sant Celoni, de la serie Vallès Oriental*), 1990
Silver gelatin print (Copia al gelatino bromuro de plata); 22¼ x 18¾ in. (56.5 x 47.6 cm)

CARLOS CANOVAS

Roundabout at Carril, La Garriga, from the series *Vallès Oriental* (*Ronda del Carril*, La Garriga, de la serie *Vallès Oriental*), 1990
Silver gelatin print (Copia al gelatino bromuro de plata); 22¼ x 18¾ in. (56.5 x 47.6 cm)

CARLOS CANOVAS

Gas Storage Structures, Montornès del Vallès, from the series *Vallès Oriental* (*Depósitos de Gas*, Montornès del Vallès, de la serie *Vallès Oriental*), 1990
Silver gelatin print (Copia al gelatino bromuro de plata); 22¼ x 18¾ in. (56.5 x 47.6 cm)

CARLOS CANOVAS

Mollet del Vallès, from the series *Vallès Oriental* (*Mollet del Vallès*, de la serie *Vallès Oriental*), 1990
Silver gelatin print (Copia al gelatino bromuro de plata); 22¼ x 18¾ in. (56.5 x 47.6 cm)

CARLOS CANOVAS

Factory at Can Torres, Granollers, from the series *Vallès Oriental* (Fábrica de Can Torres, Granollers, de la serie *Vallès Oriental*), 1990
Silver gelatin print (Copia al gelatino bromuro de plata); 22¼ x 18¾ in. (56.5 x 47.6 cm)

128

CARLOS CANOVAS

Calle de Santa Perpetua, Mollet del Vallès, from the series *Vallès Oriental* (*Calle de Santa Perpetua*, Mollet del Vallès, de la serie *Vallès Oriental*), 1990
Silver gelatin print (Copia al gelatino bromuro de plata); 22¼ x 18¾ in. (56.5 x 47.6 cm)

CARLOS CANOVAS

In the Outlying Area of Canoves, Barcelona, from the series *Vallès Oriental* (*Proximidades de Canoves*, Barcelona, de la serie *Vallès Oriental*), 1990
Silver gelatin print (Copia al gelatino bromuro de plata); 22¼ x 18¾ in. (56.5 x 47.6 cm)

CARLOS CANOVAS

Les Franqueses, Barcelona, from the series *Vallès Oriental* (*Les Franqueses*, Barcelona, de la serie *Vallès Oriental*), 1990
Silver gelatin print (Copia al gelatino bromuro de plata); 22¼ x 18¾ in. (56.5 x 47.6 cm)

131

JUAN MANUEL CASTRO PRIETO

The quiet, somber series *Interiors and Portraits* represents a visual diary that documents family, friends, and places of intimate meaning to photographer Juan Manuel Castro Prieto. Although made mostly in the familiar surroundings of his native Castile, these photographs are certainly not family snapshots. They are poetic images infused with an ambiance of drama and mystery evocative of the work of Eugène Atget (French, 1857–1927) and Josef Sudek (Czechoslovakian, 1896–1976).

The craftsmanship of this photographer and professional printer is impeccable. His photographs are radiant. The Goyaesque nature of the light used to illuminate the subjects creates a surrealist setting that fits a play by Federico García Lorca (Spanish, 1898–1936). In *Maruja, Cespedosa*, 1985, a woman, photographed in the shadows of an antiquated kitchen, seems poised, as if ready to utter her first line in the play. Inside the church of San Martín, Salamanca, in the image *Confessional*, 1983, a glow illuminates a confessional worn by centuries of confidences. This heightened theatrical atmosphere converts the images into a personal documentary, re-creating the sensations that the particular moments produced in the photographer. Eerie in their silence, the images become memories or dreams in addition to records of reality, and the viewer is transformed into a somnambulist moving through Castro Prieto's world.

La serie tranquila, sombría, que se titula *Interiores y retratos*, representa una relación diaria visual que documenta la familia, amigos y lugares íntimos que para el fotógrafo Juan Manuel Castro Prieto tienen sentido íntimo. Estas fotografías no son, por cierto, tomas casuales familiares, aunque en su mayoría fueron realizadas en un ambiente que le es familiar, en su tierra nativa castellana. Son imágenes poéticas infundidas de un ambiente de drama y misterio, y que evocan la obra de Eugène Atget (francés, 1857–1927) y de Josef Sudek (checoslovaco, 1896–1976).

Es impecable la artesanía que utiliza este fotógrafo e impresor de profesión. Sus fotografías son radiantes. La cualidad goyesca de la luz que utiliza para la iluminación de sus temas crea un ambiente surrealista que le vendría a una obra de Federico García Lorca (español, 1898–1936). En "Maruja, Cespedosa" (1985), una mujer, fotografiada en las sombras de una cocina anticuada, parece posar como si estuviera a punto de recitar un guión. Dentro de la Iglesia de San Martín, en Salamanca, un resplandor ilumina un confesionario desgastado por siglos de confidencias de las que ha sido testigo ("Confesionario", 1983). Dicha atmósfera realzada teatralmente convierte las imágenes en un documento personal, reproduciendo así las sensaciones que se produjeron en el fotógrafo en determinados momentos. Estas imágenes inspiran miedo a causa de su silencio; se convierten en memorias o sueños, además de documentos de una realidad. Por todo ello, el espectador se convierte en sonámbulo que atraviesa un mundo que pertenece a Castro Prieto.

JUAN MANUEL CASTRO PRIETO

Confessional, Salamanca (*Confesionario*, Salamanca), 1983
Silver gelatin print (Copia al gelatino bromuro de plata); 24 x 20 in. (60.9 x 50.7 cm)

JUAN MANUEL CASTRO PRIETO

The Tableau, Cespedosa (*El Cuadro*, Cespedosa), 1984
Silver gelatin print (Copia al gelatino bromuro de plata); 24 x 20 in. (60.9 x 50.7 cm)

JUAN MANUEL CASTRO PRIETO

Olaya and Guillerma, Cespedosa (*Olaya y Guillerma*, Cespedosa), 1985
Silver gelatin print (Copia al gelatino bromuro de plata); 24 x 20 in. (60.9 x 50.7 cm)

JUAN MANUEL CASTRO PRIETO

Agustina, Cespedosa, 1985
Silver gelatin print (Copia al gelatino bromuro de plata); 24 x 20 in. (60.9 x 50.7 cm)

JUAN MANUEL CASTRO PRIETO

Vicen, Cespedosa, 1985
Silver gelatin print (Copia al gelatino bromuro de plata); 24 x 20 in. (60.9 x 50.7 cm)

JUAN MANUEL CASTRO PRIETO

Maruja, Cespedosa, 1985
Silver gelatin print (Copia al gelatino bromuro de plata); 24 x 20 in. (60.9 x 50.7 cm)

JUAN MANUEL CASTRO PRIETO

Javier, El Alamo, 1985
Silver gelatin print (Copia al gelatino bromuro de plata); 24 x 20 in. (60.9 x 50.7 cm)

JUAN MANUEL CASTRO PRIETO

Ana, Barcelona, 1985
Silver gelatin print (Copia al gelatino bromuro de plata); 24 x 20 in. (60.9 x 50.7 cm)

JUAN MANUEL CASTRO PRIETO

Balance, Cerro de la Plata (*Balanza*, Cerro de la Plata), 1984
Silver gelatin print (Copia al gelatino bromuro de plata); 24 x 20 in. (60.9 x 50.7 cm)

JUAN MANUEL CASTRO PRIETO

The Blacksmith Shop, El Alamo (*La Herrería*, El Alamo), 1985
Silver gelatin print (Copia al gelatino bromuro de plata); 24 x 20 in. (60.9 x 50.7 cm)

JUAN MANUEL CASTRO PRIETO

The Cat, Cespedosa (*El Gato*, Cespedosa), 1985
Silver gelatin print (Copia al gelatino bromuro de plata); 24 x 20 in. (60.9 x 50.7 cm)

KOLDO CHAMORRO

At first glance, Koldo Chamorro's photographs appear to be documents of Spanish folkloric events, such as religious processions, bullfights, festivals, and rural scenes. On closer inspection, however, it becomes apparent that, as in *Exiles* by Josef Koudelka (Czechoslovakian, b. 1938), these images are charged with symbolism and hidden meaning.

Chamorro's tightly composed images are crammed with information. A man grasping a branding iron, while the shadow of a Guardia Civil looms in the background, is an allegory of the times of Franco. A novice bullfighter stands outdoors for the ritualistic dressing for the event, a sign that he is too poor to rent a room. The number 33, the address of a building behind a crucifix halted during a procession, is also the age of Christ at the time of his death. The placement of the young man and the boy in relation to the Christ figure creates a triangular relationship that echoes the composition in Renaissance paintings of the Crucifixion.

Using the model of ethnographic photography as a point of departure, Chamorro seeks to examine Spain's heterogeneous cultural identity. He avoids the easy comfort of making folkloric photographs; his work is full of passion and always on the edge—a wry commentary on the impact of the traditional culture on the very psyche of contemporary Spain.

Las fotografías de Koldo Chamorro a primera vista parecen ser documentos de acontecimientos folklóricos españoles: por ejemplo, de procesiones religiosas, corridas de toros, festivales y escenas rurales. Sin embargo, si nos fijamos en ellas con más atención, se nos hace evidente que estas imágenes están cargadas de simbolismo y sentidos oscuros, como pasa en *Los exilados* de Josef Koudelka (checoslovaco, n. 1938).

Las imágenes de Koldo Chamorro, tan económicamente compuestas, están repletas de detalles informativos. La marca de hierro blandida por un hombre que está bajo la sombra de un guardia civil que surge al fondo, es una alegoría de los tiempos de Franco. Un novillero espera al aire libre que le vistan según el rito que precede a la lid; una señal, en otros términos, de que es demasiado pobre para pagarse una cuadrilla es el número 33 que nos recuerda los años de Cristo al ser crucificado, que aparece como señal en un edificio tras del crucifijo parado durante una procesión. La colocación del joven señor y el muchacho en su relación con la figura de Cristo crea una interrelación triangular que nos hace recordar las composiciones de los cuadros renacentistas en los que se pintaba una crucifixión.

Koldo Chamorro desea examinar la identidad cultural de una España heterogénea al aplicar el modelo de la fotografía etnográfica como punto de partida. Rehusa la facilidad de hacer fotografías folklóricas; su obra está cargada de pasión, y parece estar siempre al borde de algo—un comentario oblicuo, seguramente sobre el impacto que ha tenido la cultura tradicional en la mente de la España contemporánea.

KOLDO CHAMORRO

Untitled, Pamplona, from the series *The Fiesta of San Fermín* (*Sin Título*, Pamplona, de la serie *Los Sanfermines*), 1984
Silver gelatin print (Copia al gelatino bromuro de plata); 16 x 12 in. (40.7 x 30.5 cm)

KOLDO CHAMORRO

Untitled, Castile, from the series *The Iberian Holy Jesus* (*Sin Título*, Castilla, de la serie *El Santo Cristo Ibérico*), 1980
Silver gelatin print (Copia al gelatino bromuro de plata); 16 x 12 in. (40.7 x 30.5 cm)

KOLDO CHAMORRO

Untitled, Granada, from the series *The Iberian Holy Jesus* (*Sin Título*, Granada, de la serie *El Santo Cristo Ibérico*), 1980
Silver gelatin print (Copia al gelatino bromuro de plata); 16 x 12 in. (40.7 x 30.5 cm)

KOLDO CHAMORRO

Untitled, Andalusia, from the series *Magical Spain* (*Sin Título*, Andalucía, de la serie *España Mágica*), 1982
Silver gelatin print (Copia al gelatino bromuro de plata); 16 x 12 in. (40.7 x 30.5 cm)

KOLDO CHAMORRO

Untitled, Salamanca, from the series *The Birth of a Nation*, no date (*Sin Título*, Salamanca, de la serie *El Nacimiento de una Nación*), sin datar
Silver gelatin print (Copia al gelatino bromuro de plata); 16 x 12 in. (40.7 x 30.5 cm)

KOLDO CHAMORRO

Untitled, Soria, from the series *The Birth of a Nation* (*Sin Título*, Soria, de la serie *El Nacimiento de una Nación*), 1982
Silver gelatin print (Copia al gelatino bromuro de plata); 16 x 12 in. (40.7 x 30.5 cm)

KOLDO CHAMORRO

Untitled, Seville, from the series *The Birth of a Nation*, no date (*Sin Título*, Sevilla, de la serie *El Nacimiento de una Nación*), sin datar
Silver gelatin print (Copia al gelatino bromuro de plata); 12 x 16 in. (30.5 x 40.7 cm)

KOLDO CHAMORRO

Untitled, Pamplona, from the series *The Fiesta of San Fermín* (*Sin Título*, Pamplona, de la serie *Los Sanfermines*), 1977
Silver gelatin print (Copia al gelatino bromuro de plata); 12 x 16 in. (30.5 x 40.7 cm)

KOLDO CHAMORRO

Untitled, from the series *The Fiesta of San Fermín* (*Sin Título*, de la serie *Los Sanfermines*), 1978
Silver gelatin print (Copia al gelatino bromuro de plata); 12 x 16 in. (30.5 x 40.7 cm)

KOLDO CHAMORRO

Untitled, Andalusia, from the series *Magical Spain* (*Sin Título*, Andalucía, de la serie *España Mágica*), 1982
Silver gelatin print (Copia al gelatino bromuro de plata); 16 x 12 in. (40.7 x 30.5 cm)

KOLDO CHAMORRO

Untitled, Cádiz, from the series *Magical Spain* (*Sin Título*, Cádiz, de la serie *España Mágica*), 1986
Silver gelatin print (Copia al gelatino bromuro de plata); 16 x 12 in. (40.7 x 30.5 cm)

Photographs by Juan Manuel Díaz Burgos have a directness that resembles the work of August Sander (German, 1876–1964) and Diane Arbus (North American, 1923–1971). Among Díaz Burgos's portraits, the viewer finds Gypsies, circus performers, rural people, and members of the working class captured in settings that, without being overloaded or extravagant, serve as points of reference. Díaz Burgos states that he is interested in documenting "humble" people who would otherwise not draw much attention. To find his subjects, either through introduction or, most often, by chance, he travels all over Spain in a pursuit he considers an obsession.

In *The Cook*, 1987, the subject, clad in white, casually leans against a kitchen counter. Photographed from a low vantage point, the figure towers above the spectator's point of view. From this angle, the fluorescent ceiling light becomes a diagonal that appears to point directly towards the subject, further emphasizing his confidence and sense of self-importance. A Gypsy woman in *The Mother*, 1989, is seated holding a baby, while her two other children stand at her side. The triangular placement of the subjects, the soft light bathing them, and the serenity of the woman's features are reminiscent of classic paintings of the Madonna. The image captures a tender moment that speaks poetically of the relationship between this mother and her children.

The luminescence emanating from Díaz Burgos's images, as in the portraits by the Spanish photographer Gabriel Cualladó (b. 1925), serves as a spotlight releasing the very essence of the sitter. For Díaz Burgos, it is the subject who must speak out. A relationship is created as the viewer senses that the subjects are conscious of being photographed and are presenting an image of how they wish to be perceived.

Las fotografías realizadas por Juan Manuel Díaz Burgos suelen poseer una franqueza que se asemeja semeja a la obra de August Sander (alemán, 1876–1964) y de Diane Arbus (norteamericana, 1923–1971). Encontramos entre los retratos de Díaz Burgos gitanos, actores de circo, campesinos e individuos de la clase obrera, captados dentro de sus ambientes que nos sirven de puntos de referencia sin ser extravagantes. Díaz Burgos ha afirmado que lo que le interesa es documentar personas "humildes", que de otra manera no nos hubieran llamado la atención. A fin de encontrarlas, sea mediante una presentación o, la mayoría de las veces, por puro azar, Díaz Burgos viaja por toda España en una especie de búsqueda que él mismo considera obsesiva.

En su fotografía de "El cocinero" (1987) su personaje se apoya de manera casual en un mostrador. Desde el ángulo bajo que utiliza el fotógrafo, dicho personaje alcanza un aspecto de altura extraordinaria, debido al punto de vista. Desde este ángulo, además, la lámpara fluorescente del techo se convierte en una línea diagonal que parece señalar al personaje, subrayando así su sentido de importancia y su confianza en sí mismo. En "La madre" (1989), una gitana está sentada con el niño en brazos y los otros dos hijos de pie al lado suyo. La colocación de los personajes principales en forma de triángulo, la luz suave que se les envuelve y la serenidad de las facciones de la gitana, todo nos recuerda los clásicos cuadros de la Virgen. Esta imagen capta un momento de ternura que poéticamente expresa la relación entre esta madre y sus hijos.

La luminosidad que emana de las imágenes realizadas por Díaz Burgos, como pasa en el caso de los retratos hechos por otro fotógrafo español Gabriel Cualladó (n. 1925), sirve de foco que subraya la esencia misma del tema humano. Para Díaz Burgos, es aquél quien tiene que articularse a sí mismo. Se establece así una relación especial, puesto que el espectador intuye que el modelo es consciente de que se le está fotografiando, y entonces el personaje mismo proyecta la imagen que quisiera que tuviésemos de él.

JUAN MANUEL DIAZ BURGOS

Woman with Bouquet, from the series *Country Folk* (*Mujer con Ramo*, de la serie *Gentes del Campo*), 1988
Silver gelatin print (Copia al gelatino bromuro de plata); 21¾ x 20 in. (55.8 x 50.7 cm)

JUAN MANUEL DIAZ BURGOS

The Mother, from the series *The Gypsy Community* (*La Madre*, de la serie *Comunidad Gitana*), 1989
Silver gelatin print (Copia al gelatino bromuro de plata); 21¾ x 20 in. (55.8 x 50.7 cm)

JUAN MANUEL DIAZ BURGOS

The Family, from the series *The Gypsy Community* (*La Familia*, de la serie *Comunidad Gitana*), 1989
Silver gelatin print (Copia al gelatino bromuro de plata); 21¾ x 20 in. (55.8 x 50.7 cm)

JUAN MANUEL DIAZ BURGOS

Jugglers, from the series *Circus Portraits* (*Malabaristas*, de la serie *Retratos de Circo*), 1990
Silver gelatin print (Copia al gelatino bromuro de plata); 21¾ x 20 in. (55.8 x 50.7 cm)

JUAN MANUEL DIAZ BURGOS

In the Merchants' Exchange (*En la Lonja*), 1987
Silver gelatin print (Copia al gelatino bromuro de plata); 21¾ x 20 in. (55.8 x 50.7 cm)

JUAN MANUEL DIAZ BURGOS

Bather, from the series *The Beach* (*Bañista*, de la serie *La Playa*), 1987
Silver gelatin print (Copia al gelatino bromuro de plata); 21¾ x 20 in. (55.8 x 50.7 cm)

JUAN MANUEL DIAZ BURGOS

Ramón, from the series *The Beach* (*Ramón*, de la serie *La Playa*), 1988
Silver gelatin print (Copia al gelatino bromuro de plata); 21¾ x 20 in. (55.8 x 50.7 cm)

JUAN MANUEL DIAZ BURGOS

The Cook (*El Cocinero*), 1987
Silver gelatin print (Copia al gelatino bromuro de plata); 21¾ x 20 in. (55.8 x 50.7 cm)

JUAN MANUEL DIAZ BURGOS

In the Men's Club (*En el Casino*), 1986
Silver gelatin print (Copia al gelatino bromuro de plata); 21¾ x 20 in. (55.8 x 50.7 cm)

JUAN MANUEL DIAZ BURGOS

Hunter, from the series *Country Folk* (*Cazador*, de la serie *Gentes del Campo*), 1989
Silver gelatin print (Copia al gelatino bromuro de plata); 21¾ x 20 in. (55.8 x 50.7 cm)

JUAN MANUEL DIAZ BURGOS

Musician (Músico), 1989
Silver gelatin print (Copia al gelatino bromuro de plata); 21¾ x 20 in. (55.8 x 50.7 cm)

CRISTINA GARCIA RODERO

For nearly two decades, Cristina García Rodero has traveled countless kilometers to record the folkloric and religious customs of Spain. Her series *Occult Spain* parallels the ethnographic and anthropological works of Edward Curtis (North American, 1868–1952), who in the nineteenth century photographed the disappearing culture of the North American Indians. Many Spanish traditions have likewise vanished or been forgotten, as a result of a depopulation of rural communities caused by the exodus from country to city that began at the end of World War II and continues today.

García Rodero presents religious processions, holiday feasts, costumes, and rural traditions in images full of drama and symbolism. *The Virgin Enters Her Temple*, Almonte, 1977, captures the frenzied passion of the crowd at the peak of the pilgrimage of the Virgin of the Rocío, one of the most important icons in Andalusia, as she arrives at her place of rest. In the chilling *A Promise to Life*, Amil, 1975, a man with his eyes open rests in a coffin. Borne on the shoulders of a somber crowd, he is a participant in a religious procession of thanks by those who have survived near-death encounters. Clad in black robes, barefoot participants in *The Trinity*, Lumbier, 1980, bear large wooden crosses in a pilgrimage tracing its roots to medieval Easter rituals. A pair of running shoes, dangling from the waistband of one of the subjects, symbolizes the impact of modern times on old traditions. As some of these celebrations become tourist attractions for video-wielding spectators, García Rodero's endeavors have preserved for future generations a vision of Spain that is rapidly vanishing.

Cristina García Rodero lleva casi dos décadas e infinitos kilómetros viajando con el fin de captar las costumbres folklóricas y religiosas de España. Su serie titulada *España Oculta* corre paralela con las obras etnográficas y antropológicas de Edward Curtis (norteamericano, 1868–1952), quien en el siglo XIX documentaba fotográficamente la cultura del indio norteamericano que iba desapareciendo. De modo similar, muchas tradiciones españolas han desaparecido o han sido olvidadas como resultado de la despoblación de las comunidades rurales, causada por el éxodo desde el campo hacia la urbe y que comenzó a efectuarse hacia finales de la Segunda Guerra Mundial y que continúa hasta la actualidad.

García Rodero nos brinda procesiones religiosas, fiestas, hábitos y tradiciones rurales, en sus imágenes cargadas de drama y simbolismo. "La entrada de la virgen en el templo" (Almonte 1977) nos enfrenta con la frenética pasión de la gente en el momento auge del peregrinaje de la Virgen del Rocío, uno de los iconos más importantes de Andalucía, cuando llega a su lugar de descanso. En la escalofriante "Promesa a la vida" (Amil 1975), un hombre con los ojos abiertos yace en el ataúd. Es llevado a hombros de unos sombríos participantes en una procesión religiosa, los cuales desean dar las gracias por haber sobrevivido a unos encuentros con la muerte. Los participantes, descalzos y vestidos de ropaje negro en "La Trinidad" (Lumbier, 1980) cargan inmensas cruces de madera en el curso de un peregrinaje que se remonta a los ritos pascuales de la Edad Media. Unos zapatos deportivos cuelgan de la cintura de uno los personajes, y sirven de símbolo del impacto que han tenido los tiempos modernos en las tradiciones antiguas. Algunos de estos actos rituales han venido a atraer, por supuesto, a turistas y espectadores con sus cámaras de vídeo; por lo cual, los esfuerzos que ha hecho García Rodero por conservar para generaciones futuras una España que está en trance de desaparición son tanto más notables.

CRISTINA GARCIA RODERO

Bulls in Ronda, from the series *Occult Spain* (*Toros en Ronda*, de la serie *España Oculta*), 1981
Silver gelatin print (Copia al gelatino bromuro de plata); 16 x 20 in. (40.7 x 50.7 cm)

CRISTINA GARCIA RODERO

On the Threshing Slopes, Escober, from the series *Occult Spain* (*En las Eras*, Escober, de la serie *España Oculta*), 1988
Silver gelatin print (Copia al gelatino bromuro de plata); 16 x 20 in. (40.7 x 50.7 cm)

CRISTINA GARCIA RODERO

The Hullabaloo of San Juan, Ciudadela, from the series *Occult Spain* (*El Jaleo de San Juan*, Ciudadela, de la serie *España Oculta*), 1980
Silver gelatin print (Copia al gelatino bromuro de plata); 16 x 20 in. (40.7 x 50.7 cm)

CRISTINA GARCIA RODERO

Performing a Passion Play, Riogordo, from the series *Occult Spain* (*Jugando a la Pasión*, Riogordo, de la serie *España Oculta*), 1983
Silver gelatin print (Copia al gelatino bromuro de plata); 16 x 20 in. (40.7 x 50.7 cm)

CRISTINA GARCIA RODERO

The Trinity, Lumbier, from the series *Occult Spain* (*La Trinidad*, Lumbier, de la serie *España Oculta*), 1980
Silver gelatin print (Copia al gelatino bromuro de plata); 16 x 20 in. (40.7 x 50.7 cm)

CRISTINA GARCIA RODERO

A Promise to Life, Amil, from the series *Occult Spain* (*Una Promesa a la Vida*, Amil, de la serie *España Oculta*), 1975
Silver gelatin print (Copia al gelatino bromuro de plata); 16 x 20 in. (40.7 x 50.7 cm)

CRISTINA GARCIA RODERO

Heads of Wax, Gende, from the series *Occult Spain* (*Cabezas de Cera*, Gende, de la serie *España Oculta*), 1977
Silver gelatin print (Copia al gelatino bromuro de plata); 16 x 20 in. (40.7 x 50.7 cm)

CRISTINA GARCIA RODERO

The Virgin Enters Her Temple, Almonte, from the series *Occult Spain* (*La Virgen Entra en el Templo*, Almonte, de la serie *España Oculta*), 1977
Silver gelatin print (Copia al gelatino bromuro de plata); 16 x 20 in. (40.7 x 50.7 cm)

CRISTINA GARCIA RODERO

Offering to the Virgin of the Hill, Miranda del Castañar, from the series *Occult Spain* (*Ofertorio a la Virgen de la Cuesta*, Miranda del Castañar, de la serie *España Oculta*), 1980
Silver gelatin print (Copia al gelatino bromuro de plata); 20 x 16 in. (50.7 x 40.7 cm)

CRISTINA GARCIA RODERO

La Tabúa, Zarza de Montánchez, from the series *Occult Spain* (*La Tabúa*, Zarza de Montánchez, de la serie *España Oculta*), 1985
Silver gelatin print (Copia al gelatino bromuro de plata); 20 x 16 in. (50.7 x 40.7 cm)

CRISTINA GARCIA RODERO

The May Queen, Colmenar Viejo, from the series *Occult Spain* (*La Maya*, Colmenar Viejo, de la serie *España Oculta*), 1989
Silver gelatin print (Copia al gelatino bromuro de plata); 20 x 16 in. (50.7 x 40.7 cm)

CRISTOBAL HARA

For over twenty years, Cristóbal Hara has been photographing the bullfighting cult. By concentrating on *capeas* (amateur bullfights) and *maletillas* (cheap or bad bullfighters) in small towns, he breaks away from the traditional image found in bullfighting reportage to present a unique vision of the event.

Generally Hara prefers working in black-and-white, but in the bullfighting work, color became central to accomplishing his aims. He writes, "Even though I managed to make a few good [bullfighting] pictures in black-and-white, I was not able to find the true satisfactory form of transmitting what I saw. In 1985, when I began to work seriously in color, the door flew open, and I did not stop until I completed the work at the end of 1989."

Hara's use of rich color, evocative of the travel photography found in the pages of *National Geographic* and *Geo*, endows the images with a feeling of the exotic. However, like the photographs of the tropics by Magnum photographer Alex Webb (North American, b. 1952), Hara's bullfighting views rise above mere illustration. Through the use of dynamic compositional devices, such as in-camera cropping, bold shapes, and disjointed framing, he converts images into dramatic visual gestures of an event deeply entrenched in the Spanish culture.

Cristóbal Hara lleva más de veinte años realizando fotografías del culto a la corrida de toros. Por haberse concentrado en las "capeas" de aficionados y los "maletillas", de calidad quizá inferior, y en las que se celebran en los pueblos pequeños, rompe con la imagen tradicional que solemos encontrar como parte del reportaje sobre toros, ofreciendo así una visión única de la función.

En general prefiere Hara trabajar en blanco y negro, pero en su obra dedicada a las corridas de toros el color llegó a ser clave en el intento de lograr sus fines. El mismo afirma lo siguiente: "Desde 1970 he fotografiado el mundo de los toros, sobre todo el mundo básico de las capeas de pueblo, maletillas, principiantes y tragedia. Hasta 1985 aunque conseguí hacer algunas buenas fotografías en blanco y negro, no acababa de encontrar la forma verdaderamente satisfactoria de transmitir lo que yo veía. En 1985 comencé a trabajar seriamente el color, entonces la puerta se abrió de golpe y ya no paré hasta que terminé el trabajo al final de la temporada de 1989".

El uso que hace Hara de los colores vivos, presta a las imágenes un sentido de lo exótico, pues evocan la fotografía de viajes que uno encuentra en las páginas de la *National Geographic* y *Geo*. Sin embargo, como pasa con las fotografías de los trópicos hechas por Alex Webb (norteamericano, n. 1952), las vistas de la corrida de Hara llegan más allá de la ilustración. Mediante el uso de unas estratagemas de composición, como por ejemplo, el recorte previo, el atrevimiento formal y el encuadre inconexo, es capaz de convertir las imágenes en gestos visuales dramáticos de los eventos más arraigados en la cultura española.

CRISTOBAL HARA

Untitled, Madrid Area (*Sin Título*, Provincia de Madrid), 1987
Chromogenic development print (Ektacolor) (Copia de negativo color); 12 x 16 in. (30.5 x 40.7 cm)

CRISTOBAL HARA

Untitled, Madrid Area (*Sin Título*, Provincia de Madrid), 1987
Chromogenic development print (Ektacolor) (Copia de negativo color); 12 x 16 in. (30.5 x 40.7 cm)

CRISTOBAL HARA

Untitled, Castile, La Mancha (*Sin Título*, Castilla, La Mancha), 1985
Chromogenic development print (Ektacolor) (Copia de negativo color); 12 x 16 in. (30.5 x 40.7 cm)

CRISTOBAL HARA

Untitled, Castile, La Mancha (*Sin Título*, Castilla, La Mancha), 1986
Chromogenic development print (Ektacolor) (Copia de negativo color); 12 x 16 in. (30.5 x 40.7 cm)

CRISTOBAL HARA

Untitled, Castile, La Mancha (*Sin Título*, Castilla, La Mancha), 1989
Chromogenic development print (Ektacolor) (Copia de negativo color); 12 x 16 in. (30.5 x 40.7 cm)

CRISTOBAL HARA

Untitled, Castile, La Mancha (*Sin Título*, Castilla, La Mancha), 1987
Chromogenic development print (Ektacolor) (Copia de negativo color); 12 x 16 in. (30.5 x 40.7 cm)

CRISTOBAL HARA

Untitled, Castile, La Mancha (*Sin Título*, Castilla, La Mancha), 1985
Chromogenic development print (Ektacolor) (Copia de negativo color); 12 x 16 in. (30.5 x 40.7 cm)

CRISTOBAL HARA

Untitled, Castile, La Mancha (*Sin Título*, Castilla, La Mancha), 1989
Chromogenic development print (Ektacolor) (Copia de negativo color); 12 x 16 in. (30.5 x 40.7 cm)

CRISTOBAL HARA

Untitled, Castile, La Mancha (*Sin Título*, Castilla, La Mancha), 1985
Chromogenic development print (Ektacolor) (Copia de negativo color); 12 x 16 in. (30.5 x 40.7 cm)

CRISTOBAL HARA

Untitled, Castile, La Mancha (*Sin Título*, Castilla, La Mancha), 1987
Chromogenic development print (Ektacolor) (Copia de negativo color); 12 x 16 in. (30.5 x 40.7 cm)

CRISTOBAL HARA

Untitled, Castile, La Mancha (*Sín Titulo*, Castilla, La Mancha), 1987
Chromogenic development print (Ektacolor) (Copia de negativo color); 12 x 16 in. (30.5 x 40.7 cm)

MANOLO LAGUILLO

Barcelona has experienced dramatic changes in preparation for the 1992 Summer Olympic Games. Entire portions of this Catalonian city have been razed to accommodate the spectacle. In 1990 photographer Manolo Laguillo was commissioned to document the construction of the Olympic site in the Hebrón Valley. These urban landscapes, like the work of nineteenth-century photographers Edouard Denis Baldus (French, 1813–1882) and Charles Clifford (British, 1821–1863), who recorded the construction of railroads in France and Spain respectively, will become a document for posterity.

Although Laguillo's subject matter is similar to the nineteenth-century precedents, his approach to documenting urban landscapes is contemporary. There is a topographic quality in his photographs suggestive of the works by Lewis Baltz (North American, b. 1945) and John Davies (British, b. 1949), who present quiet images of landscapes undergoing transformation. Laguillo's panoramic views of the future Olympic zone, reproduced in gray and even tones, appear close to the brink of banality. This quality and a skillful control of the compositional elements within the long, narrow frame give equal importance to all the information presented. In these landscapes nothing overwhelms. The photographer neither glorifies nor criticizes the massive structures, and is neutral toward the men constructing them. He expresses no personal feelings, but concentrates instead on recording process and change.

Las preparaciones para los Juegos Olímpicos de 1992 han supuesto para Barcelona unos cambios dramáticos. Han sido derribados sectores enteros de esta ciudad catalana con el propósito de acomodar el espectáculo. En 1990 Manolo Laguillo fue comisionado para la realización de la documentación de las construcciones en el sitio olímpico del Valle del Ebro. Estos paisajes urbanos, como la obra de los fotógrafos decimonónicos Charles Clifford (inglés, 1821–1863) y Edouard Denis Baldus (francés, 1813–1882), que documentaron las construcciones ferroviarias en España y Francia respectivamente, se convertirán en documentos para la posteridad.

Aunque el tema de Laguillo sea semejante a los precedentes decimonónicos, su aproximación a la documentación de paisajes urbanos es contemporánea. Existe en sus fotografías una cualidad topográfica que nos recuerda la obra de Lewis Baltz (norteamericano, n. 1945) y John Davies (de Gran Bretaña, n. 1949), quienes nos brindan imágenes tranquilas de paisajes en estado de transformación. Laguillo ha realizado vistas panorámicas de la futura zona olímpica, y las reproduce en tonos grises uniformes, de modo que puede parecer que rayan en la trivialidad. Esta cualidad y el diestro control de los elementos de composición dentro de un encuadre largo y estrecho prestan igual importancia a todos los datos incluidos en aquél. Nada resulta especialmente sobrecogedor en estos paisajes. Este fotógrafo ni glorifica ni critica las estructuras masivas; se manifiesta con cierta neutralidad ante los constructores. No expresa sus sentimientos personales, sino que por su parte se concentra en el proceso documentalista y en el cambio.

MANOLO LAGUILLO

Untitled, from the series *Construction Site for the 1992 Olympics* (*Sin Título*, de la serie *Obras para la Olimpiada de 1992*), 1990
Silver gelatin print (Copia al gelatino bromuro de plata); 10 x 20 in. (25.4 x 50.8 cm)

MANOLO LAGUILLO

Untitled, from the series *Construction Site for the 1992 Olympics* (*Sin Título*, de la serie *Obras para la Olimpiada de 1992*), 1990
Silver gelatin print (Copia al gelatino bromuro de plata); 10 x 20 in. (25.4 x 50.8 cm)

MANOLO LAGUILLO

Untitled, from the series *Construction Site for the 1992 Olympics* (*Sin Título*, de la serie *Obras para la Olimpiada de 1992*), 1990
Silver gelatin print (Copia al gelatino bromuro de plata); 10 x 20 in. (25.4 x 50.8 cm)

MANOLO LAGUILLO

Untitled, from the series *Construction Site for the 1992 Olympics* (*Sin Título*, de la serie *Obras para la Olimpiada de 1992*), 1990
Silver gelatin print (Copia al gelatino bromuro de plata); 10 x 20 in. (25.4 x 50.8 cm)

MANOLO LAGUILLO

Untitled, from the series *Construction Site for the 1992 Olympics* (*Sin Título*, de la serie *Obras para la Olimpiada de 1992*), 1990
Silver gelatin print (Copia al gelatino bromuro de plata); 10 x 20 in. (25.4 x 50.8 cm)

MANOLO LAGUILLO

Untitled, from the series *Construction Site for the 1992 Olympics* (*Sin Título*, de la serie *Obras para la Olimpiada de 1992*), 1990
Silver gelatin print (Copia al gelatino bromuro de plata); 10 x 20 in. (25.4 x 50.8 cm)

MANOLO LAGUILLO

Untitled, from the series *Construction Site for the 1992 Olympics* (*Sin Título*, de la serie *Obras para la Olimpiada de 1992*), 1990
Silver gelatin print (Copia al gelatino bromuro de plata); 10 x 20 in. (25.4 x 50.8 cm)

MANOLO LAGUILLO

Untitled, from the series *Construction Site for the 1992 Olympics* (*Sin Título*, de la serie *Obras para la Olimpiada de 1992*), 1990
Silver gelatin print (Copia al gelatino bromuro de plata); 10 x 20 in. (25.4 x 50.8 cm)

MANOLO LAGUILLO

Untitled, from the series *Construction Site for the 1992 Olympics* (*Sin Título*, de la serie *Obras para la Olimpiada de 1992*), 1990
Silver gelatin print (Copia al gelatino bromuro de plata); 10 x 20 in. (25.4 x 50.8 cm)

MANOLO LAGUILLO

Untitled, from the series *Construction Site for the 1992 Olympics* (*Sin Título*, de la serie *Obras para la Olimpiada de 1992*), 1990
Silver gelatin print (Copia al gelatino bromuro de plata); 10 x 20 in. (25.4 x 50.8 cm)

MANOLO LAGUILLO

Untitled, from the series *Construction Site for the 1992 Olympics* (*Sin Título*, de la serie *Obras para la Olimpiada de 1992*), 1990
Silver gelatin print (Copia al gelatino bromuro de plata); 10 x 20 in. (25.4 x 50.8 cm)

XURXO LOBATO

Since 1988 Xurxo Lobato has been concentrating on what he calls the "kitsch" world of his native region, Galicia, in northwestern Spain. His intention is to reflect the contrast between the rural and urban societies with a special emphasis on the collision of traditional Galician and mass culture. Often humorous, Lobato's views are filled with curious juxtapositions in which color accents the joke. His photographs include holiday beach scenes, cluttered middle-class living rooms, displays in shops, and modern secular urban architecture. The inhabitants in the images appear unaware, yet apparently accepting, of their new and contradictory environments.

In one photograph made in a working-class neighborhood in Vigo, two girls in Galician folk costumes enjoy an amusement ride. They are unaware of being watched by an image of the costumed comic-book hero Superman, ready to soar into action. In the background, gray, modern high-rise apartments provide a neutral setting, accenting the red in the costumes and thus further displacing the girls. In the photograph of a small shop in the coastal village of Muros, a crucifix hangs almost lost among the colorful clutter of clocks, mirrors, toys, and other items for sale. It is a juxtaposition that converts a common sight in Galicia into a telling commentary on the role of religion in everyday life.

Xurxo Lobato does not seek out extraordinary absurdity, but rather chooses seemingly normal, conventional situations in which he sharpens the sensation of kitsch through the use of color and association. There is a quality of observation in these photographs similar to that found in the enigmatic work of William Eggleston (North American, b. 1939), in which oddly assembled images make the most familiar settings appear unique.

Desde 1988 Xurxo Lobato viene enfocando su trabajo en lo que él mismo llama el mundo "kitsch" de Galicia, su región nativa en el Noroeste de España. Su objetivo es reflejar el contraste que existe entre las sociedades rurales y urbanas, con énfasis especial en el choque entre la cultura gallega tradicional y la de masas. El humor es frecuente en la obra de Lobato y se deriva de las muchas yuxtaposiciones en las que el color da el acento particular a la broma. Estas vistas abarcan escenas festivas en las playas, los recargados salones de la clase media, mostradores y escaparates de tiendas y la arquitectura mundana moderna de las ciudades. Los habitantes de sus imágenes parecen sin embargo inconscientes, acríticos de sus nuevos ambientes contradictorios.

En una de estas fotografías, realizadas en un barrio de clase obrera en Vigo, dos muchachas vestidas con el traje típico gallego se divierten en un parque de atracciones. No se dan cuenta de que las está espiando una imagen del Superman de los comics, vestido él mismo con su particular atuendo y preparado para remediar los males del mundo. Al fondo, contrastan exageradamente con las muchachas los altos edificios grises modernos que constituyen un ambiente neutro que acentúan implícitamente los trajes de ellas. En la fotografía de una tienda pequeña del pueblo costero de Muros cuelga un crucifijo que se pierde entre el conglomerado divertido de relojes, espejos, juguetes y demás objetos que están a la venta. Semejantes yuxtaposiciones convierten las vistas en Galicia, de otro modo normales, en un comentario revelador sobre el papel de la religión en la vida cotidiana.

No busca Lobato lo absurdo y lo extraordinario, sino que elige lo que parecerían ser situaciones convencionales aunque él subraya el elemento "kitsch" mediante el uso del color y las asociaciones. Existe en estas fotografías una capacidad de observación que es similar a la que se encuentra en la obra enigmática de William Eggleston (norteamericano, n. 1939), donde los objetos curiosamente emparejados en las imágenes causan que los lugares más familiares nos parezcan únicos.

XURXO LOBATO

Untitled, Muxia, La Coruña, Galicia, from the series *Galicia, Different Place* (*Sin Título*, Muxia, Coruña, Galicia, de la serie *Galicia, Sitio Distinto*), 1990
Silver dye bleach print (Copia Cibachrome); 11⅞ x 17⅞ (30.2 x 45.9 cm)

XURXO LOBATO

Untitled, Vigo, from the series *Galicia, Different Place* (*Sin Título*, Vigo, de la serie *Galicia, Sitio Distinto*), 1987–90
Silver dye bleach print (Copia Cibachrome); 11⅞ x 17⅞ (30.2 x 45.9 cm)

206

XURXO LOBATO

Untitled, from the series *Galicia, Different Place* (*Sin Título, de la serie Galicia, Sitio Distinto*), 1987–90
Silver dye bleach print (Copia Cibachrome); 11⅞ x 17⅞ (30.2 x 45.9 cm)

XURXO LOBATO

Untitled, Muxia, La Coruña, Galicia, from the series *Galicia, Different Place* (*Sin Título*, Muxia, Coruña, Galicia, de la serie *Galicia, Sitio Distinto*), 1990
Silver dye bleach print (Copia Cibachrome); 18 x 11¾ in. (45.7 x 29.8 cm)

208

XURXO LOBATO

Untitled, Muxia, La Coruña, Galicia, from the series *Galicia, Different Place* (*Sin Título*, Muxia, Coruña, Galicia, de la serie *Galicia, Sitio Distinto*), 1990
Silver dye bleach print (Copia Cibachrome); 12⅛ x 18½ in. (30.8 x 47.0 cm)

XURXO LOBATO

Untitled, Vigo, from the series *Galicia, Different Place* (*Sin Título*, Vigo, de la serie *Galicia, Sitio Distinto*), 1987–90
Silver dye bleach print (Copia Cibachrome); 17⅞ x 11⅞ in. (45.9 x 30.2 cm)

XURXO LOBATO

Untitled, Vigo, from the series *Galicia, Different Place* (*Sin Título*, Vigo, de la serie *Galicia, Sitio Distinto*), 1987–90
Silver dye bleach print (Copia Cibachrome); 11⅞ x 17⅞ (30.2 x 45.9 cm)

211

XURXO LOBATO

Untitled, Samil, Vigo, from the series *Galicia, Different Place* (*Sin Título*, Samil, Vigo, de la serie *Galicia, Sitio Distinto*), 1987–90
Silver dye bleach print (Copia Cibachrome); 17⅞ x 11⅞ in. (45.9 x 30.2 cm)

XURXO LOBATO

Untitled, Coia, Vigo, from the series *Galicia, Different Place* (*Sin Título*, Coia, Vigo, de la serie *Galicia, Sitio Distinto*), 1987–90
Silver dye bleach print (Copia Cibachrome); 17⅞ x 11⅞ in. (45.9 x 30.2 cm)

XURXO LOBATO

Untitled, Muxia, La Coruña, Galicia, from the series *Galicia, Different Place* (*Sin Título*, Muxia, Coruña, Galicia, de la serie *Galicia, Sitio Distinto*), 1990
Silver dye bleach print (Copia Cibachrome); 11¾ x 17⅞ in. (29.8 x 45.9 cm)

XURXO LOBATO

Untitled, from the series *Galicia, Different Place* (*Sin Título*, de la serie *Galicia, Sitio Distinto*), 1987–90
Silver dye bleach print (Copia Cibachrome); 11⅞ x 17⅞ (30.2 x 45.9 cm)

MARTA POVO

Between 1982 and 1985, architectural photographer Marta Povo photographed the melancholic atmosphere of the few remaining spas in the region of Catalonia. Popular with wealthy industrialists in the nineteenth century, these health and holiday centers represented an opulent way of life. Although the visits were intended for health reasons, the spas served above all as holiday resorts for affluent families wishing to escape the commotion of the crowded cities. In the summers, families would move entire households, including their servant staffs, to these spas to "take the waters." These resorts were a special form of community, designed with urban features to make life comfortable. In addition to mineral-water baths, steam rooms, and mud baths, the visitor found a hotel, game rooms, sculptured gardens, tennis courts, churches, theaters, and even casinos. In some instances, the centers expanded to include small villas.

Today only fourteen spas remain of the over forty in operation in the nineteenth century. During the Spanish Civil War, many were destroyed or closed, and the postwar fashion of vacationing on the seashore further contributed to their decline. In addition, the unrestricted growth of urban and industrial centers eventually surrounded these once-isolated spas, robbing them of their main attractive features — tranquility, and previously unrestricted beauty.

Povo presents the subject with a romantic vision. In one photograph a gentle light forms a delicate shadow of a plant on a gracefully ascending staircase, while in other photographs ghostly, blurred figures glide past doors or inhabit music rooms. An atmosphere of abandonment lingers in Povo's images. The viewer experiences a nostalgia for a way of life that existed before the ravages of war and changing lifestyles took their toll on these once-luxurious health resorts.

Entre los años 1982 y 1985, Marta Povo, fotógrafo de arquitectura, realizó vistas del ambiente melancólico de los pocos balnearios que quedaban en la región de Cataluña. Estos centros de salud y descanso representaban en el siglo XIX un estilo de vida opulento, y por ello eran populares entre los industriales adinerados; aunque fueran establecidos por razones de salud, servían de lugar de descanso para las familias adineradas que querían huir del bullicio de las ciudades atestadas de gente. Durante los veranos, familias enteras, con el equipo familiar incluido, se trasladaban a los balnearios para "tomar las aguas". Estos lugares de recreo eran una forma comunitaria especial, y habían sido diseñados con todas las comodidades urbanas con el fin de hacer la vida cómoda a la clientela. Además de los baños de agua mineral, los de lodo y las salas de vapor, encontraba el visitante en su hotel, salones de recreo, jardines al estilo inglés, canchas de tenis, iglesias, teatros, e incluso casinos. Estos centros se ampliaron en algunos casos hasta incluir palacetes.

En la actualidad existen sólo catorce de los más de cuarenta que operaban en el siglo pasado. Durante la Guerra Civil Española muchos de ellos fueron destruidos o cerrados. Luego, durante la postguerra, la moda de tomar las vacaciones en la playa iba poniendo fin a otros muchos. Es más, el crecimiento incontrolado de los centros urbanos industriales al fin y al cabo ahogaba poco a poco estos balnearios, aislados en tiempos pasados, y les quitaba por consiguiente sus cualidades más atrayentes, a saber la tranquilidad y la belleza anteriormente ilimitada.

Marta Povo nos presenta su tema mediante una visión romántica. En una fotografía una luz suave forma una sombra delicada que radica en una planta colocada en una escalera que asciende con su toque de gracia; mientras que en otras aparecen figuras espectrales que se escapan a través de los umbrales, o que parecen residir en los salones de música. Una atmósfera de abandono pende en estas fotografías. El espectador experimenta cierta nostalgia por un estilo de vida que existía antes de los estragos de la guerra y antes que otros modos de vida arrasaran estos balnearios, tan lujosos en épocas pasadas.

MARTA POVO

Spa Caldes de Boí, Lérida (*Balneario de Caldes de Boí*, Lleida), 1985
Silver gelatin print (Copia al gelatino bromuro de plata); 15 x 15½ in. (38.1 x 39.4 cm)

MARTA POVO

Orion Hot Springs, Santa Coloma de Farnés, Gerona (*Termes Orión*, Santa Coloma de Farnés, Girona), 1980
Silver gelatin print (Copia al gelatino bromuro de plata); 15 x 15½ in. (38.1 x 39.4 cm)

MARTA POVO

Spa Puda de Montserrat, Espaguera, Barcelona (*Balneario de la Puda de Monserrat*, Espaguera, Barcelona), 1984
Silver gelatin print (Copia al gelatino bromuro de plata); 15 x 15½ in. (38.1 x 39.4 cm)

MARTA POVO

Spa Broquetas, Caldes de Montbui, Barcelona (*Balneario Broquetas*, Caldes de Montbui, Barcelona), 1982
Silver gelatin print (Copia al gelatino bromuro de plata); 15 x 15½ in. (38.1 x 39.4 cm)

MARTA POVO

Spa Vallfogona de Riucorb, Tarragona (*Balneario de Vallfogona de Riucorb*, Tarragona), 1982
Silver gelatin print (Copia al gelatino bromuro de plata); 15 x 15½ in. (38.1 x 39.4 cm)

MARTA POVO

Spa Broquetas, Caldes de Montbui, Barcelona (*Balneario Broquetas*, Caldes de Montbui, Barcelona), 1982
Silver gelatin print (Copia al gelatino bromuro de plata); 15 x 15½ in. (38.1 x 39.4 cm)

MARTA POVO

Spa, Hotel Caldes de Boí, Lérida (*Balneario, Hotel Caldes de Boí*, Lleida), 1985
Silver gelatin print (Copia al gelatino bromuro de plata); 15 x 15½ in. (38.1 x 39.4 cm)

MARTA POVO

Victoria Hot Springs, Caldes de Montbui, Barcelona (*Termes Victoria*, Caldes de Montbui, Barcelona), 1982
Silver gelatin print (Copia al gelatino bromuro de plata); 15 x 15½ in. (38.1 x 39.4 cm)

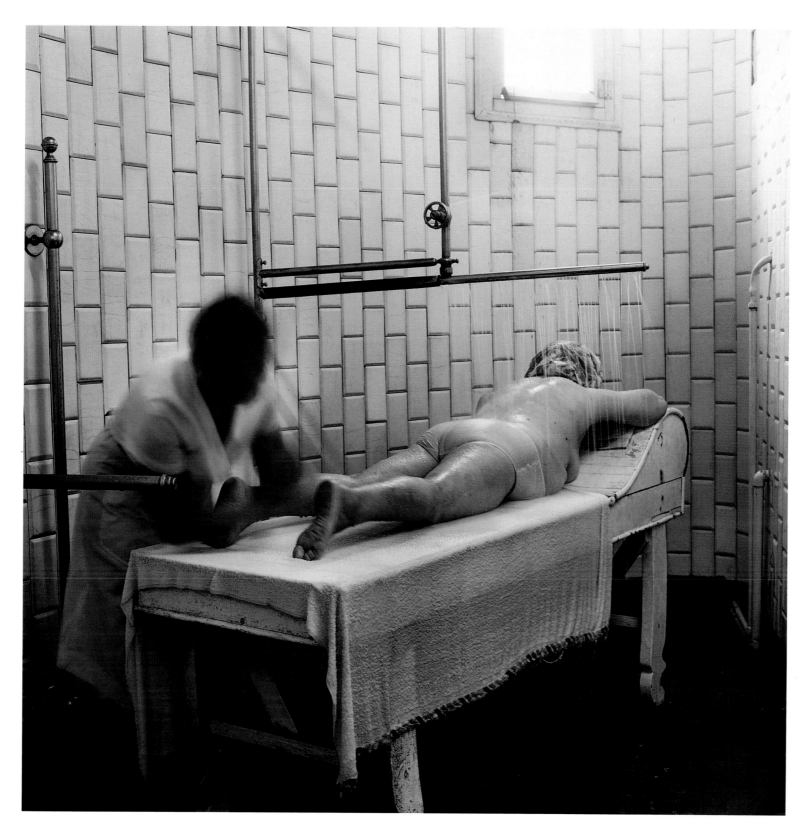

MARTA POVO

Orion Hot Springs, Santa Coloma de Farnés, Gerona (*Termes Orión*, Santa Coloma de Farnés, Girona), 1983
Silver gelatin print (Copia al gelatino bromuro de plata); 15 x 15½ in. (38.1 x 39.4 cm)

MARTA POVO

Orion Hot Springs, Santa Coloma de Farnés, Gerona (*Termes Orión*, Santa Coloma de Farnés, Girona), 1983
Silver gelatin print (Copia al gelatino bromuro de plata); 15 x 15½ in. (38.1 x 39.4 cm)

MARTA POVO

Spa Prats, Caldes de Malavella, Gerona (*Balneario Prats*, Caldes de Malavella, Girona), 1985
Silver gelatin print (Copia al gelatino bromuro de plata); 15 x 15½ in. (38.1 x 39.4 cm)

Humberto Rivas's full-frontal portraits of friends and acquaintances are evocative of the nineteenth-century ethnographic photographs from Madagascar by Désiré Charnay (French, 1828–1915), and the work of Marc Ferrez (Brazilian, 1843–1923) in the Amazon region. In stark photographs of naked and clothed figures, these early documentary photographers dispassionately sought to categorize human beings by physical characteristics and regional costumes. Rivas's approach is equally straightforward. His subjects stand on a white cloth in front of a black background, staring directly at the viewer. The lighting and framing remain unchanged, the only variations being in gesture, stance, and costume. In these nakedly simple images, the photographer's use of an elongated, tight frame accentuates his subjects' subtle gestures. The reduced, bare spaces and backgrounds emulate police mug shots or identification photographs. Although these portraits appear to lack drama, as in official institutional documentary photographs, the directness of Rivas's approach allows the subjects to speak out silently, creating a tension that quietly disarms the viewer.

Los retratos de Humberto Rivas, tomados de sus amigos y conocidos en posturas estáticas, evocan las fotografías etnográficas decimonónicas que realizó Désiré Charnay (francés 1828–1915) en Madagascar, y las de Marc Ferrez (brasileño, 1843–1923) en la región del Amazonas. Estas cándidas fotografías de figuras desnudas o vestidas significan un esfuerzo por parte de los antiguos fotógrafos documentalistas de categorizar apasionadamente a los seres humanos en base a sus características físicas y sus trajes regionales. La aproximación que ejerce Rivas es, fundamentalmente, la confrontación. Sus personajes posan de pie, sobre una tela blanca y delante de un fondo negro, y miran directamente al espectador. No se alteran ni la luz ni el encuadre; varían sólo el gesto, la postura y el traje. En estas imágenes sencillas desnudadas de complejidades, el hecho de que el fotógrafo utilizara un encuadre alargado y escueto acentúa los gestos sutiles de sus personajes. Los espacios reducidos y desnudos y los trasfondos imitan en cierta medida las tomas policíacas descuidadas o las fotografías en los carnets de identidad. Estos retratos parecerán carecer de dramatismo, como ocurre en las fotografías documentales, oficiales e institucionales; sin embargo la cualidad de enfrentamiento que aplica Rivas permite a sus personajes expresarse tácitamente, creando así una tensión que desarma al espectador sin que éste se dé cuenta.

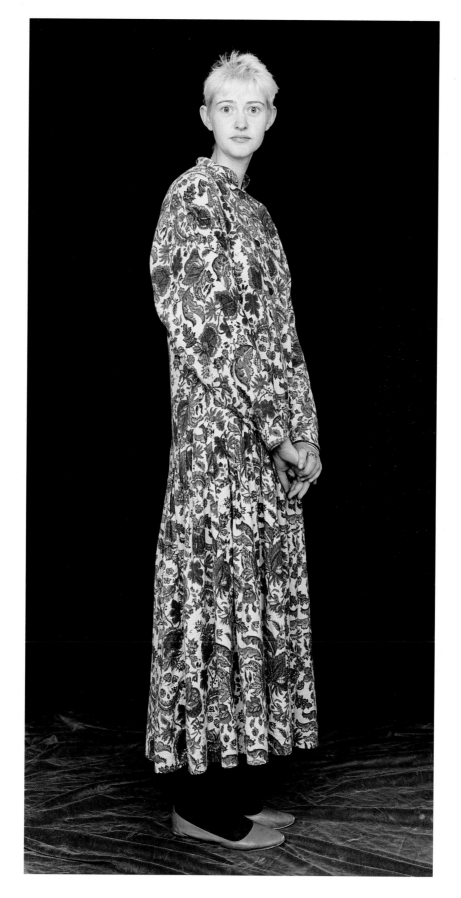

HUMBERTO RIVAS

Luci, 1990
Silver gelatin print (Copia al gelatino bromuro de plata); 20 x 12 in. (50.8 x 30.5 cm)

HUMBERTO RIVAS

Antón, 1990
Silver gelatin print (Copia al gelatino bromuro de plata); 20 x 12 in. (50.8 x 30.5 cm)

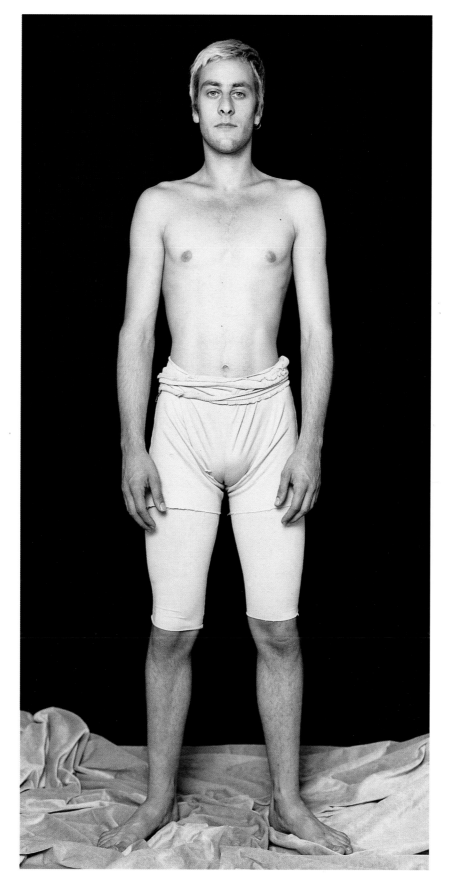

HUMBERTO RIVAS

Louis, 1990
Silver gelatin print (Copia al gelatino bromuro de plata); 20 x 12 in. (50.8 x 30.5 cm)

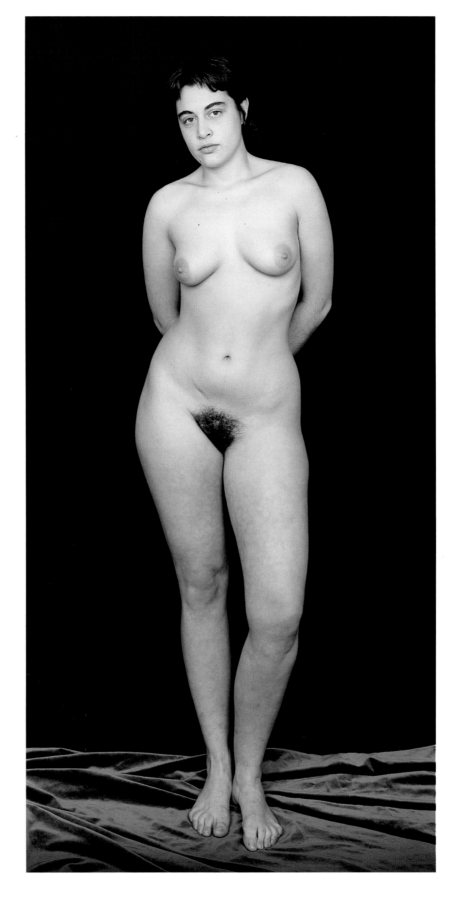

HUMBERTO RIVAS

Ester, 1990
Silver gelatin print (Copia al gelatino bromuro de plata); 20 x 12 in. (50.8 x 30.5 cm)

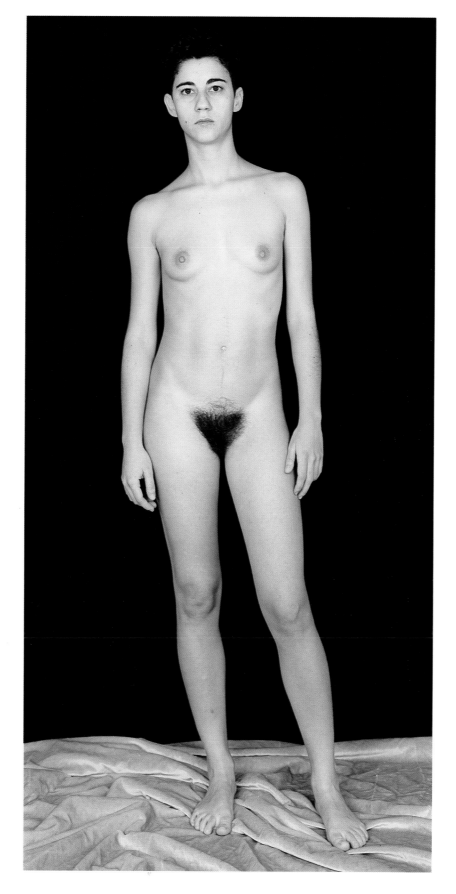

HUMBERTO RIVAS

Eva, 1990
Silver gelatin print (Copia al gelatino bromuro de plata); 20 x 12 in. (50.8 x 30.5 cm)

HUMBERTO RIVAS

Graciela, 1989
Silver gelatin print (Copia al gelatino bromuro de plata); 20 x 12 in. (50.8 x 30.5 cm)

HUMBERTO RIVAS

Mireya, 1989
Silver gelatin print (Copia al gelatino bromuro de plata); 20 x 12 in. (50.8 x 30.5 cm)

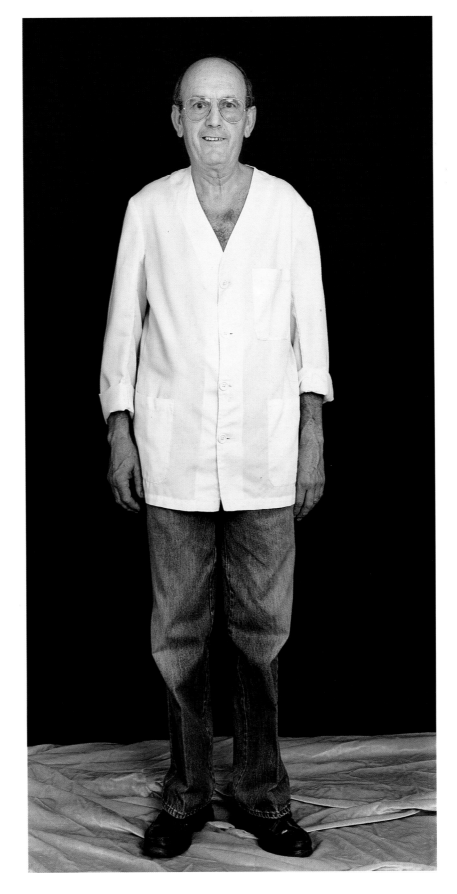

HUMBERTO RIVAS

Ricard, 1990
Silver gelatin print (Copia al gelatino bromuro de plata); 20 x 12 in. (50.8 x 30.5 cm)

HUMBERTO RIVAS

Loredana, 1989
Silver gelatin print (Copia al gelatino bromuro de plata); 20 x 12 in. (50.8 x 30.5 cm)

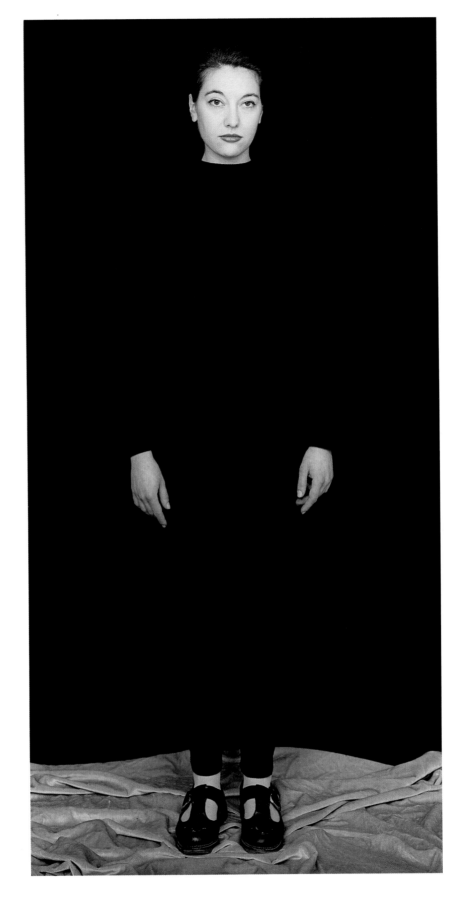

HUMBERTO RIVAS

Aleidys, 1990
Silver gelatin print (Copia al gelatino bromuro de plata); 20 x 12 in. (50.8 x 30.5 cm)

HUMBERTO RIVAS

Jeanne, 1990
Silver gelatin print (Copia al gelatino bromuro de plata); 20 x 12 in. (50.8 x 30.5 cm)

MANUEL SENDON

The landscapes in Manuel Sendón's series *Landscapes* are not scenes of an outdoor world but rather photographic images found on waiting room and café walls, vending machines, or cardboard windshield heat shades. Working with a cool, discreet, and distant point of view, Sendón gives his work an ironic rather than humorous edge.

In one image, a group of boys play *fusbol* in front of a mural depicting the New York skyline and harbor. The composition and use of color erase the boundary between indoor and outdoor spaces, so that the *fusbol* appears to be in the position of a ship entering the harbor. In another photograph, a man seated in a waiting room is apparently engrossed in reading a magazine and oblivious to the life-size mural of a forest behind him. The mural, emulating trompe l'oeil, gives the impression of a picture window to the outside world. The photograph made in a fish market features a rushing stream in a wooded Norwegian landscape. In the foreground, a salmon fillet, resting on a plate shaped like a fish, appears to have just jumped out of the water. The result is an ambiguous interplay between the photographic reality and illusion.

Color is most crucial in Sendón's work; it creates and defines the relationship between the "outdoor landscape" and the surroundings in which it is displayed. In this situation, "outdoor" blends with "interior," creating a new environment that goes unnoticed by its occupants. These photographs document spaces that are universal. Sendón intentionally provides no obvious clues that place these photographs in Spain. In this manner, he uses these everyday places as the vehicle for images that are a sharp commentary on contemporary Spanish society and the changes it undergoes as it absorbs outside influences.

Los paisajes en la serie del mismo título realizada por Manuel Sendón no constituyen escenas de un mundo exterior, sino las imágenes fotográficas que de vez en cuando encontramos revistiendo las paredes de las salas de espera y los cafés, en las máquinas de venta automáticas, o en los cartones plegables que metemos en el parabrisas para evitar que entre el sol. Sendón le presta a su obra un toque más bien de ironía que de humor, pues trabaja desde un punto de vista distanciado, discreto y calmado.

En una imagen, un grupo de jóvenes juega al fútbol delante de un mural que pinta el horizonte y el puerto neoyorquino. El uso que hace Sendón del color y la composición elimina las fronteras entre lo de dentro y lo de fuera, de tal modo que el fútbol parece ser un barco más que ingresa en el puerto. En otra fotografía, un señor sentado en una sala de espera parece absorbido en la lectura de una revista, su mente ausente respecto al mural de tamaño natural que dibuja un bosque detrás de él. El mural, en realidad un *trompe l'oeil*, nos produce la ilusión óptica de una ventana hacia el mundo exterior. En la fotografía que fue realizada en una pescadería destaca un riachuelo que corre por un paisaje de bosque noruego. En primer término, un filete de salmón colocado sobre un plato en forma de pez, parece haber saltado recientemente del agua. El resultado es un juego ambiguo entre la ilusión y la realidad fotográfica.

El color es fundamental en la obra de Sendón, pues establece y define la relación que hay entre el "paisaje exterior" y los contornos dentro de los cuales se expone. En estas situaciones lo "exterior" se mezcla con lo "interior", creando por consiguiente un ambiente nuevo del que son inconscientes sus habitantes. Estas fotografías documentan unos espacios que son universales. Muy a propósito, Sendón no nos da pistas mediante las cuales pudiéramos situar estas fotografías como pertenecientes a España. De esta forma, él se aprovecha de semejantes espacios cotidianos para hacer imágenes que constituyen, en fin, un agudo comentario sobre la sociedad española contemporánea y de los cambios que experimenta al absorber las influencias que llegan desde fuera.

MANUEL SENDON

Vigo, from the series *Landscapes* (*Vigo*, de la serie *Paisaxes*), 1990
Chromogenic development print (Ektacolor) (Copia de negativo color); 20 x 24 in. (50.7 x 60.9 cm)

241

MANUEL SENDON

Vigo, from the series *Landscapes* (*Vigo*, de la serie *Paisaxes*), 1989
Chromogenic development print (Ektacolor) (Copia de negativo color); 20 x 24 in. (50.7 x 60.9 cm)

MANUEL SENDON

Vigo, from the series *Landscapes* (*Vigo*, de la serie *Paisaxes*), 1990
Chromogenic development print (Ektacolor) (Copia de negativo color); 24. x 20 in. (60.9 x 50.7 cm)

MANUEL SENDON

Vigo, from the series *Landscapes* (*Vigo*, de la serie *Paisaxes*), 1989
Chromogenic development print (Ektacolor) (Copia de negativo color); 20 x 24 in. (50.7 x 60.9 cm)

MANUEL SENDON

Vigo, from the series *Landscapes* (*Vigo*, de la serie *Paisaxes*), 1989
Chromogenic development print (Ektacolor) (Copia de negativo color); 20 x 24 in. (50.7 x 60.9 cm)

MANUEL SENDON

Orense, from the series *Landscapes* (*Ourense*, de la serie *Paisaxes*), 1989
Chromogenic development print (Ektacolor) (Copia de negativo color); 20 x 24 in. (50.7 x 60.9 cm)

MANUEL SENDON

Orense, from the series *Landscapes* (*Ourense*, de la serie *Paisaxes*), 1989
Chromogenic development print (Ektacolor) (Copia de negativo color); 20 x 24 in. (50.7 x 60.9 cm)

MANUEL SENDON

Fisterra, from the series *Landscapes* (*Fisterra*, de la serie *Paisaxes*), 1989
Chromogenic development print (Ektacolor) (Copia de negativo color); 20 x 24 in. (50.7 x 60.9 cm)

MANUEL SENDON

Vigo, from the series *Landscapes* (*Vigo*, de la serie *Paisaxes*), 1989
Chromogenic development print (Ektacolor) (Copia de negativo color); 20 x 24 in. (50.7 x 60.9 cm)

MANUEL SENDON

Brión, from the series *Landscapes* (*Brión*, de la serie *Paisaxes*), 1989
Chromogenic development print (Ektacolor) (Copia de negativo color); 20 x 24 in. (50.7 x 60.9 cm)

MANUEL SENDON

Vigo, from the series *Landscapes* (*Vigo*, de la serie *Paisaxes*), 1990
Chromogenic development print (Ektacolor) (Copia de negativo color); 20 x 24 in. (50.7 x 60.9 cm)

ALEJANDRO SOSA SUAREZ

Alejandro Sosa Suárez's series *Breaking the Circle, Roundabouts* documents public urban spaces in Seville in southern Spain. In this project, which evolved from a photographic commission from the Colegio de Arquitectos in Seville, the photographer records recent physical transformations as the city prepares to host the World's Fair.

Working in the tradition of the globetrotting E.O. Goldbeck (North American, 1892–1986), Sosa Suárez uses a panoramic format. However, unlike Goldbeck, he does not work with a panoramic camera that yields a single negative. Instead, Sosa Suárez uses a medium-format (6 x 6 cm) camera on a revolving tripod head, exposing eleven negatives in sequence to present a 360-degree panorama in two dimensions. All of the photographs were made on Sundays or holidays at midday, when the sun was at its highest, to minimize human presence, vehicle movement, and changing light in the consecutive negatives.

The modular character of the images, according to Sosa Suárez, allows eleven visions of the same space. He states that by presenting these images on a flat surface, he "breaks the circle" and places the viewer facing simultaneously the front and back of an entire circular space. His approach is analogous to making a map of the world by slicing the geographic configuration from a globe and laying it flat on a table. In both instances, the result is a complete, although distorted, representation.

ALEJANDRO SOSA SUAREZ

Untitled (Sin Título), 1990
Eleven silver gelatin prints (Once copias al gelatino bromuro de plata); 9 ½ x 88 in. (24.1 x 306.9 cm)

La serie "Romper el círculo: Redondela" de Alejandro Sosa Suárez documenta los espacios públicos urbanos en Sevilla, en la España del Sur. En dicho proyecto, que evolucionó a partir de una comisión designada por el Colegio de Arquitectos de Sevilla, el fotógrafo capta las transformaciones físicas más recientes, mientas que la ciudad se prepara para acoger a los visitantes a la exposición universal.

Sosa Suárez aplica el formato panorámico, y así cabe dentro de la tradición de E.O. Goldbeck (norteamericano, 1892–1986) que corrió tanto mundo. A diferencia de este fotógrafo, sin embargo, Sosa Suárez no utiliza una máquina que le produzca un solo negativo. Utiliza en su lugar una máquina de formato medio (6x6 cm.) en trípode giratorio que le permite una exposición de once negativos consecutivos, para luego presentarnos un panorama de 360 grados en dos dimensiones. Todas las fotografías fueron realizadas los domingos, o en días festivos al mediodía, al estar el sol en su cénit, con la intención de reducir al mínimo la presencia de seres humanos, el paso de vehículos y las alteraciones de luz entre los negativos consecutivos.

El carácter modular de la imágenes permite once visiones del mismo espacio, dice el fotógrafo. Para él, por medio de la exposición de estas imágenes sobre una superficie plana, "se rompe el círculo" y se sitúa al espectador como si se encontrase al mismo tiempo con el anverso y el reverso de un espacio completamente circular. Su enfoque es el que tendríamos si cogiéramos un globo y lo aplanáramos sobre una mesa, convirtiéndolo en un mapamundi. En los dos casos (el del globo y el del fotógrafo), el resultado es una representación total aunque distorsionada.

ALEJANDRO SOSA SUAREZ

Untitled (*Sin Título*), 1990
Eleven silver gelatin prints (Once copias al gelatino bromuro de plata); 9 ½ x 88 in. (24.1 x 306.9 cm)

ALEJANDRO SOSA SUAREZ

Untitled (Sin Título), 1990
Eleven silver gelatin prints (Once copias al gelatino bromuro de plata); 9 ½ x 88 in. (24.1 x 306.9 cm)

ALEJANDRO SOSA SUAREZ

Untitled (*Sin Título*), 1991
Eleven silver gelatin prints (Once copias al gelatino bromuro de plata); 9 ½ x 88 in. (4²⁄₁ x 306.9 cm)

Carmelo Alcalá Ezquerro

Born (Nacido)
1948, Pamplona

Current Employment (Empleo Actual)
Manager of a photography store, Pamplona
(tienda de comercio fotográfico)

**Commissioned Projects (Encargos
Profesionales)**
1990
Pamplona, Gobierno de Navarra, Museo de
Navarra

**One-Person Exhibitions (Exposiciones
Individuales)**
1987
Alicante, Valencia, Biblioteca Municipal, Sala de
Cultura de Villajoyosa
1989
Burlada, Navarre, Sala de Cultura, Ayuntamiento
de Burlada

Group Exhibitions (Exposiciones Colectivas)
1980
Bayonne, France, Musée Basque, "Photographie
Navarre"
U.S.S.R., "Fotografía Española" (traveling
exhibition [itinerante])
1989
Bayonne, France, Musée Basque
Bilbao, Basque Country, "Expofoto '89"
1991
Madrid, Arco Feria Internacional de Arte '91

Collections (Colecciones)
Bilbao, Basque Country, Ayuntamiento de Bilbao
Pamplona, Museo de Navarra

Carlos de Andrés

Born (Nacido)
1954, Madrid

Education (Educación)
1977
Madrid, Escuela Universitaria de Ingeniería
Técnica Industrial de Madrid, Draftsman Planner
(Delineante Proyectista)
1989
Santander, Old Castile, Universidad Internacional
Menéndez Pelayo de Santander,
Photojournalism (Prensa Actual), Diploma
(Diplomado)

Current Employment (Empleo Actual)
Madrid, EL SOL, photojournalist (fotógrafo de
prensa)

Awards and Grants (Becas y Honores)
1986
Barcelona, Fundació Caixa de Pensions, "Fotopres
'86," second prize (segundo premio)
Madrid, Ministerio de Cultura, prize (premio)
1987
Barcelona, Fundació Caixa de Pensions, "Fotopres
'87," first prize (primer premio)
1988
Barcelona, Fundació Caixa de Pensions, "Fotopres
'88," second prize (segundo premio)
1989
Barcelona, Fundació Caixa de Pensions, "Fotopres
'89," first prize (primer premio)
Linares, Andalusia, "Certamen Internacional de
Deportes '89," honorable mention (premio de
honor)
1990
Barcelona, Fundació Caixa de Pensions, "Fotopres
'90," first prize (primer premio)
Madrid, Ministerio de Cultura, "INJUVE '90,"
prize nomination from Juventud '90 (nominación
premio Juventud '90)
1991
Barcelona, Fundació Caixa de Pensions, "Fotopres
'91," first prize (primer premio)

**Commissioned Projects (Encargos
Profesionales)**
1989
Madrid, RENFE (Spanish National Railway)
1990
Barcelona and Madrid, Lunwerg Editores, S.A.

**One-Person Exhibitions (Exposiciones
Individuales)**
1991
Bilbao, Basque Country, Feria Kodak de Fotografía,
"Conflictos en Lituania. U.R.S.S."
Madrid, Círculo de Bellas Artes, "Diversos
Reportajes - Selección"

Group Exhibitions (Exposiciones Colectivas)
1985
Luarca, Asturias, Exposición Internacional del Mar
1986
Huelva, Andalusia, Exposición Iberoamericana
1987
Madrid, Ministerio de Cultura, "Certamen Arte y
Tradiciones Populares"
1990
Madrid, Círculo de Bellas Artes, "Inmigrantes
Africanos"

San Sebastián, Basque Country, Palacio Miramar,
"Exposición Colectiva en apoyo de Juantxu
Rodríguez"
Santander, Old Castile, Universidad Internacional
Menéndez Pelayo de Santander, "Exposición
Colectiva en apoyo de Juantxu Rodríguez"

Collections (Colecciones)
Barcelona, Fundació Caixa de Pensions
Jaén, Andalusia, Ayuntamiento de Jaén
Madrid, Ministerio de Cultura
Santander, Old Castile, Universidad Internacional
Menéndez Pelayo de Santander

References (Referencias)
Certamen Tradiciones Populares. Introduction by
Ana Puértolas. Madrid: Ministerio de Cultura,
1985.
Certamen Tradiciones Populares. Introduction by
Arsenio Lope. Madrid: Ministerio de Cultura,
1986.
Cohen, David, and Rick Smolan. A Day in the Life
of Spain. San Francisco: Collins, 1988.
Orig. pub. as Un día en la vida de España, San
Francisco: Collins, 1987.
Dougier, Henri. Madrid. Paris: Editorial Autrement,
1987.
Foto Pres. Introduction by Carlos Cánovas.
Barcelona: Fundació Caixa de Pensions, 1989.
de los Ríos, César Alonso. El románico palentino.
RENFE (Spanish National Railway), Spain, 1988.

Clemente Bernad

Born (Nacido)
1963, Pamplona

Education (Educación)
1986
Barcelona, Universidad Central de Barcelona,
Facultad de Bellas Artes

Current Employment (Empleo Actual)
Freelance photographer (Fotógrafo
independiente)

**Teaching Experience (Experiencia
Pedagógica)**
1987–88
Pamplona, Ayuntamiento de Pamplona, Instituto
Nacional de Empleo

Awards and Grants (Becas y Honores)
1985
Pamplona, Gobierno de Navarra, grant (beca)

Commissioned Projects (Encargos Profesionales)
1991
Pamplona, Gobierno de Navarra, Museo de Navarra

One-Person Exhibitions (Exposiciones Individuales)
1986
Pamplona, Museo de Navarra, "Hay Muertos que Aún Se Besan a Escondidas"

Group Exhibitions (Exposiciones Colectivas)
1987
Pamplona, Galería Nueva Imagen, "Mi Favorita y Yo, 17 Fotógrafos Navarros"
1989
Pamplona, Galería Nueva Imagen, "Contrastes"

Collections (Colecciones)
Pamplona, Museo de Navarra

Jaume Blassi

Born (Nacido)
1948, Barcelona

Current Employment (Empleo Actual)
Freelance photographer (Fotógrafo independiente)

Awards and Grants (Becas y Honores)
1974
Madrid, Fundación Juan March, grant (beca)
1976
Barcelona, Grupo Teral, prize (premio)
1979
Barcelona, "LAUS" (Asociación Diseño Gráfico, Fomento Artes Decorativas), prize (premio)
1982
Madrid, "Premio Extraordinario de Turismo Josep Pla" for the book (por el libro) *España*
1983
Barcelona, "LAUS" (Asociación Diseño Gráfico, Fomento Artes Decorativas), prize (premio)
1984
Barcelona, "LAUS" (Asociación Diseño Gráfico, Fomento Artes Decorativas), prize (premio)
1989
Barcelona, Caixa de Barcelona, II Bienal de Fotografía, first prize (primer premio)

Commissioned Projects (Encargos Profesionales)
1969–80
Cuenca, New Castile, Museo de Arte Abstracto

1981
Washington, D.C., National Geographic Society
Madrid, Ediciones El Viso, S.A., and Fundació Joan Miró
1982–83
London, Collins Publishers
1985
Madrid, Fundació Joan Miró
1991
Madrid, Ediciones El Viso, S.A., and Fundació Joan Miró

One-Person Exhibitions (Exposiciones Individuales)
1971
Barcelona, Galería Aixelà
1973
Barcelona, Galería Spectrum
1975
Barcelona, Galería Kodak
London, The Photographer's Gallery
1976
Barcelona, Galería Spectrum-Canon
Granada, Andalusia, Galería Banco de Granada

Group Exhibitions (Exposiciones Colectivas)
1977
Barcelona, La Photogalería, "Nueve Fotográfos Catalanes"
1980
Barcelona, Galería Eude, "Homenaje a Man Ray"
1983–84
Madrid, Círculo de Bellas Artes, Ministerio de Cultura, "259 Imágenes. Fotografía Actual en España" (traveling exhibition [itinerante])
1988
Marseille, France, Musée Cantini, "Création Photographique en Espagne"

Collections (Colecciones)
Cuenca, New Castile, Museo de Arte Abstracto Español
New York, The Metropolitan Museum of Art
Paris, Bibliothèque Nationale
Tucson, Arizona, Center for Creative Photography

References (Referencias)
259 Imágenes: Fotografía actual en España. Madrid: Círculo de Bellas Artes, 1983.
Letamendía, Ana. *El buen gusto de España.* Photographs by Jaume Blassi. Madrid: Ediciones El Viso, 1990.
Lost Empires Living Tribes. Ed. Ross Bennett. Photographs by Jaume Blassi. Washington, D.C.: National Geographic Society, 1982.
Ponce, Carlos. *Parques nacionales del Perú.* Photographs by Jaume Blassi. Madrid: Incafo,

1978.
de Romaña, Mauricio. *Discovering the Colca Valley.* Photographs by Jaume Blassi. Barcelona: Jorge Blassi, 1987.
Zóbel, Fernando. *Museo de Arte Abstracto Español.* Photographs by Jaume Blassi. Cuenca: Museo de Arte Abstracto Español, 1969.

Carlos Cánovas

Born (Nacido)
1951, Hellín, Murcía

Education (Educación)
1968
Pamplona, Escuela de Estudios Empresariales, Equivalent of American Bachelor of Art degree in Business Administration (Peritaje Mercantil)
1970
Pamplona, Escuela de Estudios Empresariales, Equivalent of American Master of Business Administration degree (Profesorado Mercantil)

Current Employment (Empleo Actual)
Pamplona, Banco Bilbao Vizcaya, Management (Area de Gestión)
Freelance photographer (Fotógrafo independiente)

Teaching Experience (Experiencia Pedagógica)
1983
Burlada, Navarre, and Pamplona, Caja de Ahorros de Navarra
1987
Pamplona, Galería Nueva Imagen
Pamplona, Asociación Fotográfica y Cinematográfica de Navarra
1988
Pamplona, Asociación Fotográfica y Cinematográfica de Navarra
1989
San Sebastián, Basque Country, Sociedad Fotográfica de Guipúzcoa
1989–91
Pamplona, Asociación Fotográfica Cinematográfica de Navarra

Lectures (Conferencias)
1983
Zaragoza, Aragón, Diputación General de Aragón
Lérida, Catalonia, Fotomostra
1984
Zaragoza, Aragón, Diputación General de Aragón
1987
Guadalajara, New Castile, Semana Fotográfica

Commissioned Projects (Encargos Profesionales)

1989
Pamplona, Gobierno de Navarra
1990
Granollers, Catalonia, Fundació Caixa de Pensions
Pamplona, Museo de Navarra

One-Person Exhibitions (Exposiciones Individuales)

1983
Tarragona, Catalonia, Galería Forum, "Dolientes Plantas"
1985
Zaragoza, Aragón, Galería Spectrum, Zaragoza
Pamplona, Galería Nueva Imagen, "Extramuros"
1987
Durango, Basque Country, Museo de Arte e Historia
1990
Granollers, Catalonia, Fundació Caixa Pensions, Espai F, "Vallès Oriental"

Group Exhibitions (Exposiciones Colectivas)

1983
Zurich, Nikon Gallerie, "6 Spanische Fotografen"
1983–84
Madrid, Círculo de Bellas Artes, Ministerio de Cultura, "259 Imágenes. Fotografía Actual en España" (traveling exhibition [itinerante])
1984
Valencia, Generalitat, "I Jornadas de Fotografía en el Estado Español"
1987
San Sebastián, Basque Country, Museo San Telmo, Banco de Bilbao "Huellas, Rastros, Signos" (traveling exhibition [itinerante])
1989
Oporto, Portugal, Museo Nacional de Arte Moderno, "Fotografía Española"
1990
Reims, France, Mois de la Photo, "L'Archéologie sentimentale"

Collections (Colecciones)

Durango, Basque Country, Museo de Arte e Historia
Granollers, Catalonia, Fundació Caixa de Pensions
Pamplona, Caja de Ahorros de Navarra
Pamplona, Museo de Navarra
Paris, Bibliothèque Nationale

References (Referencias)

Alvarez, Julio. *10 Años de Imágenes*. Zaragoza: Galería Spectrum, 1987.

Auer, Michel, and Michèle Auer. *Encyclopédie internationale des photographes*. Hermance-Genève: Editions Camera Obscura, 1988.
Bergasa, Miguel, Carlos Cánovas, Pío Guerendiain, and José Torregrosa, eds. *Fotografías*. Pamplona: Bergasa/Cánovas/Guerendiain/Torregrosa, 1981.
Cánovas, Carlos. *Apuntes para una historia de la fotografía en Navarra*. Pamplona: Panorama 13, Departamento de Educación y Cultura, Institución Príncipe de Viana, 1989.
Cánovas, Carlos, and Guillermo Basagoiti. *150 años de fotografía. Propuesta para una colección: Gabriel Cualladó*. Gijón-Asturias: Centro de Escultura de Candas Museo Antón, Fundación Museo Evaristo Valle, 1990.
259 Imágenes: Fotografía actual en España. Madrid: Círculo de Bellas Artes, 1983.
Newhall, Beaumont. *Historia de la fotografía*. Ed. Joan Fontcuberta. *Historia de la fotografía, Apéndice: "España."* Barcelona: Gustavo Gili, 1987. Orig. pub. as *The History of Photography*.

Juan Manuel Castro Prieto

Born (Nacido)
1958, Madrid

Education (Educación)
1976–80
Madrid, Universidad de Alcalá de Henares, Economics (Económicas)

Current Employment (Empleo Actual)
Photographer and printer in black-and-white (Fotógrafo y impresor en blanco y negro)

Awards and Grants (Becas y Honores)
1986
Granada, Andalusia, Diputación Provincial de Granada, grant (beca)
1990
Badajoz, Extremadura, Junta Extremeña, grant (beca)

Commissioned Projects (Encargos Profesionales)
1990
Madrid, Círculo de Bellas Artes y Lunwerg Editores, S.A.

One-Person Exhibitions (Exposiciones Individuales)
1986
Segovia, Old Castile, Torreón de Lozoya, "Diurno-Nocturno"

1987
Valencia, Palacio Marqués de Dos Aguas, "Diurno-Nocturno"
1990
Sestao, Basque Country, Sala de Exposiciones del Conservatorio Municipal, "Diurno-Nocturno"
1991
Córdoba, Andalusia, Posada del Potro, "Diurno-Nocturno"

Group Exhibitions (Exposiciones Colectivas)
1985
Córdoba, Andalusia, "Expofoto '85," 1° Bienal de Fotografía Artística
1986
Barcelona, Fundació Caixa de Pensions, Sala Arcs, "Primera Muestra Estatal de Fotografía" (traveling exhibition to Europe and the U.S.S.R. [itinerante])
1988
Madrid, Biblioteca Nacional, "Fotógrafos de Madrid"
Madrid, Casa del Reloj de Madrid, "Jóvenes Fotógrafos de Madrid"
1990
Madrid, Sala Moriarty, "La Mirada Indeleble"

Collections (Colecciones)
Córdoba, Andalusia, Colección Posada del Potro
Madrid, Colección Cualladó
Reus, Catalonia, Colección Instituto Municipal de Arte Contemporáneo

References (Referencias)
Aquí Imagen 8 (Madrid), 1985.
Cánovas, Carlos, and Guillermo Basagoiti. *150 años de fotografía. Propuesta para una colección: Gabriel Cualladó*. Gijón-Asturias: Centro de Escultura de Candas Museo Antón, Fundación Museo Evaristo Valle, 1990.

Koldo Chamorro

Born (Nacido)
1949, Vitoria, Basque Country

Education (Educación)
1972
Pamplona, Centro de Estudios Superiores de Economía y Marketing
1972
Pamplona, Universidad de Navarra, Business Economics (Economía Empresarial)

Current Employment (Empleo Actual)

Freelance photographer (Fotógrafo independiente)

Teaching Experience (Experiencia Pedagógica)

1974–75
Barcelona, Escuela Elisava
1982
Pamplona, Taller de Fotografía, Festivales de Navarra
1982–91
Various workshops (Talleres diversos)
Barcelona, Escuela Grisart
Madrid, Círculo de Bellas Artes
Pamplona, Festivales de Navarra
Pamplona, Asociación Fotográfica y Cinematográfica de Navarra
Pontevedra, Galicia, Bienal de Vigo
Santander, Old Castile, Universidad de Santander
Utrera, Andalusia, Casa de la Cultura
Valencia, Escuela de Artes y Oficios
Zaragoza, Aragón, Galería Spectrum
Zaragoza, Aragón, Talleres de Tarazona

Lectures (Conferencias)

1985
Santander, Basque Country, Universidad Internacional Menéndez Pelayo
1990
Santander, Basque Country, Universidad Internacional Menéndez Pelayo
1987–91
Pamplona, Universidad de Navarra, Department of Journalism (Facultad de Periodismo)

Awards and Grants (Becas y Honores)

1972–73
Barcelona, Dotación de Arte Castellblanch, grant (beca)
1982
Bilbao, Basque Country, Banco de Bilbao, grant (beca)
1987
La Coruña, Galicia, Universidad Internacional Menéndez Pelayo
1988
Madrid, Polaroid Spain

Commissioned Projects (Encargos Profesionales)

1982
Paris, Air France/Audiovisuelle
1985
Brussels, Instituto de Promoción del Turismo (IMPROTUR), Europalia '85

1987
San Francisco, Collins Publishers
1988
Madrid, Iberia Airlines of Spain (Iberia Líneas Aéreas)
1989
La Coruña, Galicia, Ayuntamiento de La Coruña
1991
Pamplona, Gobierno de Navarra, Museo de Navarra

One-Person Exhibitions (Exposiciones Individuales)

1989
Madrid, Círculo de Bellas Artes, "FOCO '89"
1990
Montpellier, France, Espace Photo-Angle
Pamplona, Museo de Navarra

Group Exhibitions (Exposiciones Colectivas)

1983–84
Madrid, Círculo de Bellas Artes, "259 Imágenes: Fotografía Actual en España" (traveling exhibition [itinerante])
1986
Albuquerque, New Mexico, University Art Museum, "Contemporary Spanish Photography"
1987
New York, Marcuse Pfeifer Gallery, "After Franco: A New Generation of Spanish Photography"
1988
Tucson, Arizona, Center for Creative Photography, "Four Spanish Photographers"
1990
Cologne, Polaroid International, Photokina, "Selections Five"

Collections (Colecciones)

Cambridge, Massachusetts, Polaroid International
Montpellier, France, Photo-Angle
Pamplona, Museo de Navarra
Paris, Bibliothèque Nationale
Tucson, Arizona, Center for Creative Photography

References (Referencias)

Auer, Michel, and Michèle Auer. *Encyclopédie internationale des photographes*. Hermance-Genève: Editions Camera Obscura, 1988.
Casademont, Josep María. *La Fotografía en el estado español: 1900–1978.* Apéndice 2. Barcelona: Gustavo Gili, 1978.
Cohen, David, and Rick Smolan. *A Day in the Life of Spain.* San Francisco: Collins, 1988. Orig. pub. as *Un día en la vida de España*, San Francisco: Collins, 1987.
259 Imágenes: Fotografía actual en España. Madrid: Círculo de Bellas Artes, 1983.
Mómene, Eduardo. *11 fotógrafos españoles.* Madrid: Editorial Poniente, 1982.
Newhall, Beaumont. *Historia de la fotografía.* Ed. Joan Fontcuberta. *Historia de la fotografia, Apéndice: "España."* Barcelona: Gustavo Gili, 1987. Orig. pub. as *The History of Photography.*
Tausk, Řet. *Historia de la fotografía en el siglo XX. De la fotografía artística al periodismo gráfico.* Barcelona: Gustavo Gili, 1978.

Juan Manuel Díaz Burgos

Born (Nacido)

1951, Cartagena, Murcia

Education (Educación)

1972
Cartagena, Murcia, Instituto de Formación Profesional, Certification for Instructor of Industrial Electronics (Maestro de Industria en la Rama de Electrónica)

Current Employment (Empleo Actual)

Cartagena, Murcia, Instituto Politécnico de Cartagena, Professor (Profesor)

Teaching Experience (Experiencia Pedagógica)

1988
Cartagena, Murcia, Centro de Enseñanzas del Profesorado
Cartagena, Murcia, Universidad Popular de Cartagena

Lectures (Conferencias)

1986
Murcia, Universidad de Murcia, Aula de Artes Plásticas
1987
Logroño, Old Castile, Caja de Ahorros de la Rioja

Commissioned Projects (Encargos Profesionales)

1989
Cartagena, Murcia, Ayuntamiento de Cartagena
1990
Cartagena, Murcia, Ayuntamiento de Cartagena
Madrid, Círculo de Bellas Artes and Lunwerg Editores, S.A.

One-Person Exhibitions (Exposiciones Individuales)

1986
Córdoba, Andalusia, Posada del Potro
1987
Madrid, Real Sociedad Fotográfica de Madrid
Zaragoza, Aragón, Spain, Sala Gil Marraco

1988
Murcia, Palacio de San Esteban
1990
San Sebastián, Basque Country, Sociedad
Fotográfica de Guipúzcoa

Group Exhibitions (Exposiciones Colectivas)
1986
Barcelona, Fundació Caixa de Pensions, Sala Arcs,
"Primera Muestra Estatal de Fotografía" (traveling
exhibition [itinerante] to Europe and the U.S.S.R.)
1987
Córdoba, Andalusia, ARTEFOTO '87, "El Paisaje
Andaluz"
1988
Barcelona, SONIMAG '88, "Fotografía Española
1988"

Collections (Colecciones)
Reus, Catalonia, Colección Instituto Municipal de
Acción Cultural
Córdoba, Andalusia, Colección Posada del Potro

References (Referencias)
Díaz Burgos, Juan Manuel. *Retratos 1987*. Caja de
Ahorros del Mediterráneo, 1988.
Díaz Burgos, Juan Manuel. *Paisaje: Realidad o
ficción*. Murcia: Dirección General de Cultura/
Artes Plásticas, Región de Murcia, 1989.

Cristina García Rodero

Born (Nacida)
1949, Puertollano, New Castile

Education (Educación)
1968–72
Madrid, Universidad Complutense de Madrid,
Facultad de Bellas Artes de San Fernando
1970–71
Madrid, Escuela de Artes Aplicadas y Oficios
Artísticos de Madrid
1972
Madrid, Universidad Complutense de Madrid,
Instituto de Ciencias de la Educación

Current Employment (Empleo Actual)
Freelance photographer (Fotógrafo
independiente)
Madrid, Universidad Complutense de Madrid,
Facultad de Bellas Artes

**Teaching Experience (Experiencia
Pedagógica)**
1974–84
Madrid, Escuela de Artes Aplicadas y Oficios
Artísticos

1983–91
Madrid, Universidad Complutense de Madrid,
Facultad de Bellas Artes

Awards and Grants (Becas y Honores)
1971
Barcelona, Ampliación de Estudios de la Dotación
de Arte Castellblanch, grant (beca)
Segovia, Old Castile, Ministerio de Educación y
Ciencia, grant (beca)
1973
Madrid, Artes Plásticas de la Fundación Juan
March, grant (beca)
1980
Madrid, Ministerio de Cultura, Artes Plásticas,
grant (beca)
1985
Barcelona, Planeta de Fotografía, lifetime
achievement award (Premio al conjunto de su
obra)
1989
Arles, France, Rencontres Internationales de la
Photographie, *España Oculta*, best photography
book of the year (mejor libro del año de
fotografía)
New York, International Center of Photography,
W. Eugene Smith Memorial Fund, prize (premio)
1990
Stuttgart, Kodak Fotobuchpreis

**One-Person Exhibitions (Exposiciones
Individuales)**
1984
Mexico City, Consejo Mexicano de Fotografía,
"Fiestas Tradicionales en España"
1985
Montpellier, France, Journées Internationales de la
Photo, "Practiques Religieuses en Pays
Méditerranées"
1986
Vitoria, Basque Country, Sala Olagüibel, "Fiestas
Populares en España"
1987
Flushing, New York, Queens College, Paul Klapper
Art Center, "Images from Spain"
1988
Vigo, Galicia, Sala Dos Peraios
1989–91
Madrid, Museo de Arte Contemporáneo, "España
Oculta" (exhibition traveling throughout Europe
and in the United States [Itinerante por Europa y
Estados Unidos])

Group Exhibitions (Exposiciones Colectivas)
1980
London, Night Gallery, "New Spanish
Photography"

1982
São Paulo, Brazil, Sala Fuji, "13 Fotografos
Contemporáneos Espanhois" (traveling exhibition
[itinerante])
1983–84
Madrid, Círculo de Bellas Artes, "259 Imágenes:
Fotografía Actual en España" (traveling exhibition
[itinerante])
1984
Columbus, University Gallery of Fine Art, Ohio
State University, "Contemporary Spanish
Photographers"
1985
Madrid, Círculo de Bellas Artes, "50 Años de
Color: Kodachrome 1935–1985"
Madrid, Museo Español de Arte Contemporáneo,
"La Fotografía en el Museo"
1987
New York, Marcuse Pfeifer Gallery, "After Franco:
A New Generation of Spanish Photography"
1988
Los Angeles, Bernard Hilkon, "Sefarad, Jewish
Roots in Spain"
Tucson, Arizona, Center for Creative Photography,
"Four Spanish Photographers"

Collections (Colecciones)
Ciudad Real, New Castile, Museo Municipal
Freiburg, Germany, Museum für Kunst und
Geschichte
Madrid, Museo Español de Arte Contemporáneo
Santa Monica, California, Getty Center for the
History of Art and the Humanities
Tucson, Arizona, Center for Creative Photography

References (Referencias)
Cohen, David, and Rick Smolan. *A Day in the Life
of California*. San Francisco: Collins, 1988.
Cohen, David, and Rick Smolan. *A Day in the Life
of Spain*. San Francisco: Collins, 1988. Orig. pub.
as *Un Día en la vida de España*, San Francisco:
Collins, 1987.
259 Imágenes: Fotografía actual en España.
Madrid: Círculo de Bellas Artes, 1983.
España cristiana, musulmana y hebrea. Barcelona:
Editorial Anaya, Biblioteca Iberoamericana, 1988.
Galicia. León: Everest, 1975.
Galicia, realidad económica y conflicto social.
Bilbao: Banco de Bilbao, 1978.
García Rodero, Cristina. *España oculta*.
Introduction by Julio Caro Baroja. Barcelona:
Lunwerg Editores, S.A., 1989.
Hahn, Betty. *Contemporary Spanish Photography*.
Albuquerque, New Mexico: University of New
Mexico Press, 1987.

Raíces judías en España. Madrid: Iberia Líneas
Aéreas, 1988.
Torrente Ballester, Gonzalo. *Galicia a pe de foto*.
Barcelona: Lunwerg Editores, S.A., and
Universidad Internacional Menéndez Pelayo, 1987.

Cristóbal Hara

Born (Nacido)
1946, Madrid

Education (Educación)
1962–65
Madrid, Universidad de Madrid, Law and
Economics (Derecho y Economía)
1965–69
Hamburg, Universität Hamburg and Munich,
Economics (Economía)
Munich, Ludwig-Maximilians-Universität
München, Economics (Economía)

Current Employment (Empleo Actual)
Freelance photographer (Fotógrafo
independiente)

**One-Person Exhibitions (Exposiciones
Individuales)**
1976
Madrid, Fotogalería
1989
Madrid, Galería Redor, Arco Feria Internacional de
Arte '89
Pamplona, Galería Nueva Imagen

Group Exhibitions (Exposiciones Colectivas)
1974
London, Victoria and Albert Museum, "Three
Contemporary Photographers" (traveling
exhibition [itinerante])
1983–84
Madrid, Círculo de Bellas Artes, "259 Imágenes:
Fotografía Actual en España" (traveling exhibition
[itinerante])
1985
Essen, Germany, Folkwang Museum, "Fotografie
in Spanien"
1988
Madrid, Galería Juana Mordó, "Síntesis III"
Marseille, France, Musée Cantini, "Création
Photographique en Espagne"

Collections (Colecciones)
Amsterdam, Stedeljik Museum
Boston, Museum of Fine Arts
Cuenca, New Castile, Museo de Arte Abstracto
Español

London, Victoria and Albert Museum
Tucson, Arizona, Center for Creative Photography

References (Referencias)
259 Imágenes: Fotografía actual en España.
Madrid: Círculo de Bellas Artes, 1983.
Hara, Cristóbal. *Cuatro cosas de España*.
Introduction by Juan García Hortelano. Madrid:
Visor Ediciones, 1990.

Manolo Laguillo

Born (Nacido)
1953, Madrid

Education (Educación)
1975
Barcelona, Universidad de Barcelona, B.A., M.A.,
Philosophy (Filosofía)
1988
Barcelona, Universidad de Barcelona, Ph.D.,
Photography (Fotografía)

Current Employment (Empleo Actual)
Barcelona, Universidad de Barcelona, Professor of
Aesthetics and Theory of Art (Profesor Titular de
Estética y Teoría del Arte)
Freelance photographer (Fotógrafo
independiente)

**Teaching Experience (Experiencia
Pedagógica)**
1975–80
Barcelona, Instituto de Enseñanza Media
1985–90
Braunschweig, Germany, Hochschule für Bildende
Künste
1980–91
Barcelona, Universidad de Barcelona

Lectures (Conferencias)
1985
Santa Cruz de Tenerife, Canary Islands, Colegio de
Arquitectos de Tenerife
Munich, Münchner Fotosymposium
1986
Lérida, Catalonia, Colegio de Arquitectos
1987
Santa Cruz de Tenerife, Canary Islands, Congreso
Internacional de Comunicación
1988
Santander, Old Castile, Universidad Internacional
Menéndez Pelayo
Oporto, Portugal, Mes de la Fotografía

1990
Santa Cruz de Tenerife, Canary Islands,
Universidad Internacional Menéndez Pelayo

Awards and Grants (Becas y Honores)
1974
Erlangen, Germany, Deutsches Akademisches
Austauschdienst, grant (beca)
1982
Barcelona, Caja de Ahorros de Barcelona, grant
(beca)

**Commissioned Projects (Encargos
Profesionales)**
1987–89
Belfort, France, Centre d'Action Culturelle
1989
Barcelona, Puerto Autónomo de Barcelona
Barcelona, *Quaderns d'Architectura i Urbanisme*
Granada, Andalusia, Patronato de la Alhambra y la
Junta de Andalucía
1990
Barcelona, Colegio de Arquitectos de Cataluña
Barcelona, Instituto Municipal de Promoción
Urbanística
Valencia, Instituto Valenciano de Arte Moderno
and Ayuntamiento de Gandía

**One-Person Exhibitions (Exposiciones
Individuales)**
1980
Barcelona, Fotomanía
1983
Tarragona, Catalonia, Forum Fotogalería
1983
Pamplona, Caja de Ahorros de Navarra, "Orthos"
1984
Barcelona, Caja de Barcelona, Sala Arcs
1987
Busto Arizio, Italy, Palazzo Cicogna, Galleria del
Comune

Group Exhibitions (Exposiciones Colectivas)
1985
Charleroi, Belgium, EUROPALIA '85, "Les
Nouvelles Imaginaires"
1987
New York, Marcuse Pfeifer Gallery, "After Franco:
A New Generation of Spanish Photography"
1988
Belfort, France, Centre d'Action Culturelle, "L'Eté
du Territoire"
1989
Belfort, France, Centre d'Action Culturelle, "Le
Printemps du Territoire"

1990
Barcelona, Caja de Barcelona, Sala Arcs, "Porta d'Aigua"
1991
Valencia, Instituto Valenciano de Arte Moderno, "La Safor: Los Paisajes de Joanot Martorell"

Collections (Colecciones)

Barcelona, Puerto Autónomo de Barcelona
Barcelona, Xarxa Cultural, Barcelona
Granada, Andalusia, Patronato de la Alhambra
Paris, Bibliothèque Nationale
Mexico City, Consejo Mexicano de la Fotografía

References (Referencias)

Berger, John. *L'Automne du Territoire*. Centre d'Action Culturelle, Belfort: Editions Granit, 1991.
Buttard, Alain. *L'Hiver du Territoire*. Centre d'Action Culturelle, Belfort: Editions Granit, 1990.
Calders, Pere, and Vincenç Altaió. *Porta d'Aigua*. Barcelona: Lunwerg Editores, S.A., 1989.
Durand, Régis. *Le Printemps du Territoire*. Centre d'Action Culturelle, Belfort: Editions Granit, 1989.
Lemagny, Jean Claude. *L'Eté du Territoire*. Centre d'Action Culturelle, Belfort: Editions Granit, 1988.
Revenga, Luis. *Les Nouveaux Imaginaires*. Madrid: EUROPALIA '85, Ministerio de Cultura, 1985.

Xurxo Lobato

Born (Nacido)

1956, La Coruña, Galicia

Education (Educación)

1974–78
Santiago de Compostela, Galicia, Universidad de Santiago de Compostela, Geography and History (Geografía e Historia)

Current Employment (Empleo Actual)

La Coruña, Galicia, *La Voz de Galicia*, Chief of the photography desk (Jefe de sección de fotografía)
La Coruña, Galicia, VOZ Noticias, Coordinator of the agency (Coordinador de la agencia)

Teaching Experience (Experiencia Pedagógica)

1987
Santiago de Compostela, Galicia, Direccion Cultura Xunta Galicia
1988
Braga, Portugal, Emcontros de la Imagen
1991
Santiago de Compostela, Galicia, Centro Enseñanzas Imagen

Awards and Grants (Becas y Honores)

1984–88
La Coruña, Galicia, Universidad Internacional Menéndez Pelayo, grant (beca)
1988
Vigo, Galicia, "Vigovisions," Fotobienal Ayuntamiento Vigo, grant (beca)
1990–91
Santiago de Compostela, Galicia, Xunta de Galicia, Fondos de Arte
1991
Santiago de Compostela, Galicia, Consello da Cultura Galega, grant (beca)

Commissioned Projects (Encargos Profesionales)

La Coruña, Galicia, Universidad Internacional Menéndez Pelayo
Barcelona and Madrid, Lunwerg Editores, S.A.

One-Person Exhibitions (Exposiciones Individuales)

1984
Orense, Galicia, Colegio Universitario de Orense
1988
La Coruña, Galicia, Universidad Internacional Menéndez Pelayo
Ferrol, Galicia, Universidad Internacional Menéndez Pelayo
1989
Córdoba, Andalusia, Posada del Potro, Ayuntamiento de Córdoba
1990
Orense, Galicia, Casa da Cultura, Carballiño
Pontevedra, Galicia, Ateneo de Marín

Group Exhibitions (Exposiciones Colectivas)

1987
Lisbon, FundaÇao Gulbenkian, Sociedade de Belas Artes, "Antropologia e Memoria. Visao Actual da Arte Galega"
1988
Vigo, Galicia, Centro de Estudos Fotográficos, "Dende o Atlántico" (traveling exhibition [itinerante])
Geneva, Centre de la Photographie, "Depuis L'Atlantique"
1990
Vigo, Galicia, Fotobienal
1991
Stuttgart, Design Center, "Galicia: Tradition and Design"

Collections (Colecciones)

Santiago de Compostela, Galicia, Xunta de Galicia
Córdoba, Andalusia, Ayuntamiento de Córdoba
Vigo, Galicia, Ayuntamiento de Vigo

References (Referencias)

Bayón, Carlos García, and Xurxo Lobato. *Viajes galaicos*. La Coruña: La Voz de Galicia, Xunta de Galicia, 1990.
Berry, Ian, Xurxo Lobato, Fulvio Roiter, and Alberto Schommer. *Vigo, Stella Maris*. Vigo: Industrías Pesqueras, Vigo, 1991.
Cohen, David, and Rick Smolan. *A Day in the Life of Spain*. San Francisco: Collins, 1988. Orig. pub. as *Un Día en la vida de España*, San Francisco: Collins, 1987.
Lobato, Xurxo. *Artesanía gallega*. Madrid: Ministerio de Industria, 1982. Reprint: León: Everest, 1987.
Sendón, Manuel, and Xosé Luis Suárez-Canal, eds. *Dende o Atlántico*. Vigo: Centro de Estudos Fotográficos, 1988.
Torrente Ballester, Gonzalo. *Galicia a pe de foto*. Barcelona: Lunwerg Editores, S.A., and Universidad Internacional Menéndez Pelayo, 1987.

Marta Povo

Born (Nacida)

1951, Barcelona

Education (Educación)

1971
Barcelona, Technical apprentice to two professional photographers (Aprendizaje técnico trabajando con dos fotógrafos profesionales)
1978–80
Barcelona, Universidad Central de Barcelona, History of Art and Cultural Anthropology (Historia del Arte y Antropología Cultural)

Current Employment (Empleo Actual)

Freelance photographer (Fotógrafo independiente)

Teaching Experience (Experiencia Pedagógica)

1980–81
Barcelona, Centro de Psicoterapia Barcelona
1982
Barcelona, Instituto Nacional de Empleo
1989
Barcelona, ARTS COMBINATORIA
1990
Tarazona, Aragón, Tarazona/Foto/1990

Awards and Grants (Becas y Honores)

1981–82
Barcelona, Departamento de Cultura de la Generalitat de Catalunya, grant (beca)

1983
Barcelona, Fundació Caixa de Pensions, Centre Cultural, FOTOPRES '83, prize (premio)
1984
Barcelona, Fundació Caixa de Pensions, Centre Cultural, FOTOPRES '84, prize (premio)
1989
Barcelona, Fundació Caixa de Barcelona, Sala Sant Jaume, "II Bienal Fotografía Barcelona," finalist (finalista)

Commissioned Projects (Encargos Profesionales)

Barcelona, Centre Cultural, Fundació Caixa de Pensions
Barcelona, "Ediciones 62"
Barcelona, Ayuntamiento de Barcelona
Barcelona, Diputació de Barcelona
Sabadell, Catalonia, Construccions Roivres
Barcelona, Colegio de Arquitectos Técnicos

One-Person Exhibitions (Exposiciones Individuales)

1983–90
Barcelona, Fundació Caixa de Barcelona, "Oficios Artesanos de la Ciudad" (traveling exhibition [itinerante])
1984
Tarragona, Catalonia, Forum Fotogalería, "Paisaje"
1985
Barcelona, Fundació Caixa de Pensions, Sala Montcada, "Espais Balnearis"
1987
London, The Photographer's Gallery, "Presence of Light"
1988
Barcelona, Caja de Barcelona, Sala Arcs, "Luz como Presencia"

Group Exhibitions (Exposiciones Colectivas)

1983–84
Madrid, Círculo de Bellas Artes, "259 Imágenes: Fotografía Actual en España" (traveling exhibition [itinerante])
Barcelona, Galería Pentaprisma, "Plagios"
1985
Madrid, Museo Español de Arte Contemporáneo, "La Fotografía en el Museo"
1986
Madrid, Círculo de Bellas Artes, "Espacio Imaginario"
1989
Barcelona, Centre d'Art Santa Mònica, "Creació Fotogràfia Española: 1968–88"

Barcelona, Fundació Caixa de Barcelona, "II Bienal de Fotografía en Barcelona"

Collections (Colecciones)

London, The Photographer's Gallery
Lyon, France, FRAC, Rhone-Alpes
Madrid, Museo Español de Arte Contemporáneo
Paris, Bibliothèque Nationale
Tucson, Arizona, Center for Creative Photography

References (Referencias)

259 Imágenes: Fotografía actual en España. Madrid: Círculo de Bellas Artes, 1983.
Pi de Cabanyes, Orio. Cases Senyorials de Catalunya. Photographs by Marta Povo. Barcelona: Edicions 62, 1990.
Piera, Manuel Ribes. Els Jardins Catalans. Photographs by Marta Povo. Barcelona: Edicions 62, 1991.
Povo, Marta. Oficis Artesans de la Ciutat. Barcelona: Editorial Joventut, 1984.
Solá-Morales, Ignasi. Arquitectura Balnearia a Catalunya. Photographs by Marta Povo. Barcelona: Departamento de Arquitectura, Generalitat de Catalunya, 1986.

Humberto Rivas

Born (Nacido)

1937, Buenos Aires

Current Employment (Empleo Actual)

Freelance photographer (Fotógrafo independiente)

Teaching Experience (Experiencia Pedagógica)

1977–91
Barcelona, Institución de Estudios Politécnicos
Barcelona, Instituto de Fotografía de Barcelona
Zaragoza, Galería Spectrum

Commissioned Projects (Encargos Profesionales)

1985
Valencia, Generalitat Valenciana, La Albufera
1989
Barcelona, Puerto Autónomo de Barcelona

One-Person Exhibitions (Exposiciones Individuales)

1983
Paris, Galerie Agathe Gaillard
1988
Buenos Aires, Centro Cultural Ciudad de Buenos Aires

1989
Barcelona, Puerto Autónomo de Barcelona
Tarragona, Catalonia, Forum Fotogalería
1990
Reims, France, Mois de la Photo
1991
Barcelona, Caixa de Pensions, Sala Arcs

Group Exhibitions (Exposiciones Colectivas)

1981
Zurich, Kunsthaus, "Fotografie Lateinamerica"
1986
Albuquerque, New Mexico, University Art Museum, "Contemporary Spanish Photography"
1987
New York, Marcuse Pfeifer Gallery, "After Franco: A New Generation of Spanish Photography"
1988
Amsterdam, Canon Image Center, "International Portrait Exhibition"
Paris, Musée d'Art Moderne, "Splendeurs et Misères du Corps"
1990
Barcelona, Centre d'Art Santa Mònica, "To Be and Not To Be"

Collections (Colecciones)

Buenos Aires, Museo de Arte Moderno de Buenos Aires
Mar del Plata, Argentina, Museo de Arte Contemporáneo
Paris, Bibliothèque Nationale
Zurich, Kunsthaus

References (Referencias)

Billeter, Erika. Fotografie Lateinamerica. Zurich: Kunsthaus, 1981.
Calders, Pere, and Vincenç Altaió. Porta d'Aigua. Barcelona: Lunwerg Editores, S.A., 1989.
Newhall, Beaumont. Historia de la fotografía. Ed. Joan Fontcuberta. Historia de la fotografía, Apéndice: "España." Barcelona: Gustavo Gili, 1987. Orig. pub. as The History of Photography.
Rivas, Humberto. Humberto Rivas, fotografías 1978–1990. Text by José Carlos Cataño, Pere Formiguera, and Nelly Schnaith. Barcelona: Lunwerg Editores, S.A., 1991.
Schnaith, Nelly, and Joan Queralt. Fotógrafos argentinos del siglo XX. Buenos Aires: Centro Editor América Latina, 1982.
Yáñez Polo, Miguel A., and Luis Ortiz Lara. Historia de la fotografía española contemporánea, 1950–1986. Seville: Sociedad de Historia de la Fotografía Española, 1986.

Manuel Sendón

Born (Nacido)
1951, La Coruña, Galicia

Education (Educación)
1968–73
Santiago de Compostela, Galicia, Universidad de Santiago de Compostela, Science (Ciencias)

Current Employment (Empleo Actual)
Vigo, Galicia, Instituto de Bachillerato Alvaro Cunqueiro de Vigo, Professor (Profesor)
Vigo, Galicia, Centro de Estudos Fotográficos, Co-director with Xosé Luis Suárez-Canal (Director con Xosé Luis Suárez-Canal)
Vigo, Galicia, "Fotobienal de Vigo," 1984, 1990, Organizer (Organizador)
Vigo, Galicia, Gallería Sala Dos Peiraos, since 1985, Organizer of photography exhibitions (desde 1985, Organizador de exposiciones fotográficas)

Teaching Experience (Experiencia Pedagógica)
1981–83
Corcubión, Galicia, Universidade Popular De Vran de Corcubión

Lectures (Conferencias)
1985
La Coruña, Galicia, Universidad Internacional Menéndez Pelayo
1986
La Coruña, Galicia, Universidad Internacional Menédez Pelayo
1988
Braga, Portugal, 2º Encontros da Imagen
1989
Coimbra, Portugal, 10º Encontros de Fotografía de Coimbra

One-Person Exhibitions (Exposiciones Individuales)
1983
Vigo, Galicia, Casa de Cultura
1986
Coimbra, Portugal, Centro de Estudos Fotográficos
La Coruña, Galicia, Kiosko Alfonso
1987
Barcelona, Galería Sargadelos
Milan and Brescia, Italy, Ken Damy
Santiago de Compostela, Galicia, Casa da Parra, Xunta de Galicia

Group Exhibitions (Exposiciones Colectivas)
1986
La Coruña, Galicia, Universidad Internacional Menéndez Pelayo, "A Cor"
1987
Lisbon, FundaÇao Gulbenkian, Sociedade de Belas Artes "Antropologia e Memoria. Visao Actual da Arte Galega"
1988
Braga, Portugal, "2º Emcontros de la Imagen"
Vigo, Galicia, Centro de Estudos Fotográficos, "Dende o Atlántico"
Geneva, Centre de la Photographie, "Depuis L'Atlantique"
Lorient, France, La Mairie de Lorient, "Chronique d'une Ville" (Crónica Dunha Cidade)
1991
Madrid, Museo Reina Sofía, "Cuatro Direcciones"
Stuttgart, Design Center, "Galicia: Tradition and Design"

Collections (Colecciones)
Vigo, Galicia, Comunidad Autónoma Gallega
La Coruña, Galicia, Xunta de Galicia

References (Referencias)
Sendón, Manuel. *Ourense de Auga e Pedra*. Vigo: Ir Indo, 1990.
Sendón, Manuel. *Paisaxes/Landscapes*. Vigo: Centro de Estudos Fotográficos, 1991.
Sendón, Manuel, and Xosé Luis Suárez-Canal, eds. *Cronica dunha Cidade*. Vigo: Concello de Vigo, 1988.
Sendón, Manuel, and Xosé Luis Suárez-Canal, eds. *Dende o Atlántico*. Vigo: Centro de Estudos Fotográficos, 1988.
Sendón, Manuel, and Xosé Luis Suárez-Canal. *José Suárez*. Vigo: Fotobienal III, Centro de Estudos Fotográficos, 1988.
Sendón, Manuel, and Xosé Luis Suárez-Canal. *Ramón Camaño*. Vigo: Centro de Estudos Fotográficos, 1989.
Sendón, Manuel, and Xosé Luis Suárez-Canal. *En Galiza Nos Anos 50*. Fotobienal IV. Vigo: Ayuntamiento de Vigo, 1990.
Sendón, Manuel, and Xosé Luis Suárez-Canal. *Arquivo Pacheco*. Vigo: Centro de Estudos Fotográficos, 1990.

Alejandro Sosa Suárez

Born (Nacido)
1951, Coria del Río, Seville

Education (Educación)
1971
Seville, Universidad de Sevilla, Escuela Universitaria de Profesores de Educación General Básica
1980
Madrid, Universidad a Distancia, Music and Drama (Música y Dramatización)
1988
Madrid, Universidad a Distancia, Audio-Visual Messages (Mensajes Audiovisuales)

Current Employment (Empleo Actual)
Seville, Centro de Formación para Profesores, Coordinator of Audiovisual Media (Coordinador de Medios Audiovisuales)
Málaga, Andalusia, Universidad de Málaga, Centro Tecnología de la Imagen, Coordinator of fixed images (Coordinador de imagen fija)

Teaching Experience (Experiencia Pedagógica)
1985–86
Comunidad Andaluza, Junta de Andalucía, Consejería de Educación
1988
Seville, Junta de Andalucía, Consejería de Educación
1988–90
Málaga, Andalusia, Universidad de Málaga

Lectures (Conferencias)
1984
Madrid, Instituto Técnicas Educativas, Alcalá de Henares
1988
Zaragoza, Aragón, Salón Mundial de Televisión y Educación (MUNDITELE)
1988–89
Málaga, Andalusia, Universidad de Málaga, Centro de Tecnología, Universidad de Málaga
1990
Málaga, Andalusia, Universidad de Málaga
Seville, Escuela Universitaria del Profesorado de Educación General Básica
Valencia, Cínema Joven

Commissioned Projects (Encargos Profesionales)
1985–86
Comunidad Andaluza, Andalusia, Junta de Andalucía
1989
Seville, Demarcación de Sevilla del Colegio de Arquitectos de Andalucía Occidental

One-Person Exhibitions (Exposiciones Individuales)
1986
Málaga, Andalusia, Delegación de Cultura, Junta de Andalucía, "Presencia Ausente"
Seville, Fotogalería Guadalquivir, "Presencia Ausente"
1988
Málaga, Andalusia, Museo de Bellas Artes, "Retratos"
Corio del Río, Andalusia, Biblioteca Municipal, "Retratos"

Group Exhibitions (Exposiciones Colectivas)
1987
Seville, Fundación Luis Cernuda, Reales Alcázares de Sevilla, "Fotógrafos Sevillanos Actuales"
1991
Seville, Colegio Arquitectos de Sevilla, "Visión Fotográfica Arquitectónica Sevilla '90"

Collections (Colecciones)
Málaga, Andalusia, Universidad de Málaga, Aula de Cine/Imagen

References (Referencias)
Fotógrafos sevillanos actuales. Seville: Fundación Luis Cernuda, Reales Alcázares de Sevilla, 1986.